**rowohlts monographien
begründet von Kurt Kusenberg
herausgegeben
von Wolfgang Müller**

Christoph Willibald Gluck

mit Selbstzeugnissen
und Bilddokumenten
dargestellt von
Nikolaus de Palézieux

Rowohlt

Dieser Band wurde eigens für «rowohlts monographien» geschrieben
Den Anhang besorgte der Autor
Herausgeber: Klaus Schröter
Mitarbeit: Uwe Naumann
Assistenz: Erika Ahlers
Schlußredaktion: K. A. Eberle
Umschlaggestaltung: Werner Rebhuhn
Vorderseite: Ölgemälde von Duplessis, 1773
Rückseite: Titelbild der Pariser Fassung von «Orphée et Euridice».
Stich nach einer Zeichnung von C. Monnet-Dujac, 1764
(Beide Vorlagen Archiv für Kunst und Geschichte, Berlin)

Veröffentlicht im Rowohlt Taschenbuch Verlag GmbH,
Reinbek bei Hamburg, Oktober 1988
Copyright © 1988 by Rowohlt Taschenbuch Verlag GmbH,
Reinbek bei Hamburg
Alle Rechte an dieser Ausgabe vorbehalten
Satz Times (Linotron 202)
Gesamtherstellung Clausen & Bosse, Leck
Printed in Germany
1090-ISBN 3 499 50412 X

2. Auflage. 8.–9. Tausend März 1994

Inhalt

Einleitung – Der Beginn der musikalischen Moderne   7
Herkunft und Jugend   13
Mailand und Venedig   19
Zwischenspiel in London   26
Wanderjahre   30
Im Bannkreis des Wiener Hofes   40
Experimente: die Komische Oper   53
Neuland   58
Zwischen «Orfeo» und «Alceste»   69
Die neue Oper   80
Die Eroberung von Paris   94
Bearbeitungen   104
Der Streit   111
Pariser Ausklang   118
Das Ende   126

Anmerkungen   134
Zeittafel   138
Zeugnisse   141
Werkverzeichnis   144
Bibliographie   146
Namenregister   150
Über den Autor   153
Quellennachweis der Abbildungen   154

Gluck. Zeitgenössisches anonymes Gemälde

Einleitung –
Der Beginn der musikalischen Moderne

«Mir scheint, daß Ludwig XVI. und Gluck ein neues Zeitalter heraufführen werden.»[1]* Rousseau, der das schrieb, traf sich zumindest in der historischen Bewertung Glucks mit einem Großteil der allgemeinen Einschätzung; zudem wußte er sich einig mit den meisten, sowohl Fachleuten wie «Dilettanten», die über Musik dachten und schrieben. Tatsächlich galt den Zeitgenossen der *Orfeo* von 1762 als Fanal des Neuen, als Ausdruck der Epoche schlechthin. Die alte – musikalische – Zeit schien überwunden; neben dem ästhetischen Urteil schwang, zumal im vorrevolutionären Frankreich, aber stets ein politischer Unterton mit.

Über Gluck zu schreiben heißt – das Rousseau-Urteil steht dafür – immer auch: die Gluck-Rezeption zu notieren; die Wirkung des Mannes aufzuzeichnen, dessen erste Schaffenszeit im Unklaren liegt, der oft genug scheinbar aus dem Nichts kam, immer wieder neu anfing. Erst allmählich schälte sich das heraus, was wir eine Biographie nennen. Zuvor gab es Spuren, die Gluck hinterlassen hatte, mit der Zeit wachsende Erfolge, vom Herumziehenden über Europa verstreut. Dann die Verdichtung im Wien der sechziger Jahre des 18. Jahrhunderts. Zuletzt der grandiose Durchbruch in Paris. Der aber war von langer Hand vorbereitet, gleichsam philosophisch-ästhetisch abgesichert. Und er war von Gluck selbst inszeniert, dabei von derart durchschlagender Wirkung, daß er mit Recht zu den Gründungstaten der musikalischen Moderne zählen darf.

Die Unmöglichkeit aber, eine Gluck-Biographie im strengen Sinne zu schreiben, wird selbst zum Gegenstand der Beschreibung. Denn erst am Ende jenes Jahrhunderts, das mit Wielands «Agathon», Fieldings «Tom Jones» und Goethes «Wilhelm Meister» den Entwicklungsroman schuf, literarische Biographien also, erst am Ende des 18. Jahrhunderts geben auch Komponisten Zeugnis von sich im Sinne einer Biographie. Sie reflektieren ihr Tun als ästhetisches, und sie werden als das begriffen, was die Zeit von Shaftesbury bis Kant «Genie» nannte. Es muß erst die «Innenwelt» bloßgelegt werden, und dazu müssen noch die Zeitzeugnisse jener treten, die dabei waren und bezeugen können, um eine Biographie zu

---

* Die hochgestellten Ziffern verweisen auf die Anmerkungen S. 134 f.

ermöglichen. Die «Innenwelt» und die «Außenwelt» des Individuums müssen zusammenstimmen. Die Entwicklung dahin – zusammen mit allen kompositorischen, aufführungspraktischen und rezeptionstheoretischen Konsequenzen – verfolgen wir in der Person und im Werk Glucks. Aus fast unbekannter Jugendzeit taucht er auf, hatte recht spät erst, mit 27 Jahren, erste Erfolge als Komponist. Am Ende seines Lebens war er zur Legende geworden. Alles was er tat, ja, er selbst war schon Thema öffentlichen Interesses, sogar Gegenstand künstlerischer Darstellungen. Auch der attestierte historische Rang – Glucks Name stand später für die musikalische Revolution schlechthin – scheint Bedingung für die Möglichkeit einer Biographie zu sein, die unmittelbar nach dem künstlerischen Abschluß, noch zu Lebzeiten des Meisters, einsetzte.

Historischer Rang hängt mit Geschichtsbewußtsein zusammen. Geschichtsbewußtsein aber, das Erkennen der sich bewegenden Zeit, die Reflexion über das eigene Herkommen sind so sehr Leistungen der Aufklärung wie die Reflexion über sich selbst. Bewußtsein seiner selbst aber und Vernunft, gesehen «als eine Kraft, die nur in ihrer Ausübung und Auswirkung völlig begriffen werden kann»[2], sind erkenntnistheoretische Voraussetzungen des Geniezeitalters. Damit auch des künstlerischen Genies – und Gluck war der erste, der zu Lebzeiten als solches erkannt wurde –, das in seiner noch heute aktuellen Bedeutung sich der Auflösung statischer Weltsicht, der «Verzeitlichung»[3] verdankt.

Das künstlerische Genie, begabt mit «prometheischer» Kraft, bringt vermöge der Erkenntnis der als gesetzmäßig erkannten Natur seine Werke hervor. Seit Shaftesbury sind die Schöpfungen des Genies als einmalige und «originale» erkannt. Im Werke Glucks, das so reich an Selbstzitaten, an Entlehnungen ist, läßt sich dennoch der Prozeß ablesen, der am Ende die Einmaligkeit des einzelnen Werkes zeitigt. Diese Originalität und «Ausgabe letzter Hand» erhält den Stempel der Abgeschlossenheit aufgedrückt. Es zeigt sich die Dialektik der Aufklärung: die Schöpfungen des selbstbewußten Individuums haben gleichfalls den Rang des Eigenständigen und Geistvollen. Dieser Charakter des Geistvollen und Geistfähigen kommt aber auch den künstlerischen Produkten zu. Dialektisch ist, daß diese intuitiv geschaffenen und erfaßten Kunstwerke dem Verstand, der sie doch erst mit auf den Weg brachte, die Grenzen seiner Erkenntnisfähigkeit vorhalten. Diese Dialektik von Klar und Unklar, besser: diese Gleichzeitigkeit von Gewußtem und Dunklem steht nicht nur über Glucks Leben. Sondern mehr noch: diese Dialektik manifestiert sich in Glucks Reformwerk und macht es zu einem solchen. Denn es wird dort die Grenze des rationalen Diskurses aufgezeigt. Sprache wird mit Musik kontrastiert, und Musik wird zur beredten Kunst des Unbewußten, das sich bloßer verbaler Begrifflichkeit und Faßbarkeit entzieht. Die Erkenntnis- und Ausdrucksfähigkeit der Musik läßt die des Diskurses weit hinter sich.

Vieles fängt, am Beginn der Moderne und ihn markierend, mit Gluck an. Neu in der Musikgeschichte ist die Zeitgenossenschaft von Musikwerk und Rezeption: das epochale Werk wird gleichsam zum Zeitpunkt seiner Entstehung als solches rezipiert – und nicht erst nach dem Tode seines Schöpfers, wie es Mozart zu erdulden hatte. Neu ist der auf den Komponisten und seine Werke bezogene Begriff der Genialität, Einmaligkeit, Unverwechselbarkeit. Intuition und Schöpfertum sind als Eigentümlichkeiten des Individuums anerkannt, und nicht länger ist das Schreiben von Musik ein Handwerk, wie Johann Sebastian Bach es wußte. Seine Söhne waren dann ja wie Gluck ebenfalls Künder des neuen Begriffs vom Komponieren. Dieser Prozeß des Herausschälens, der Entwicklung zum Originalwerk läßt sich am Œuvre Glucks ablesen. Am Anfang steht die Formulierung eines Stücke-Kanons in «opera seria»-Stereotypie. Gluck verfährt dort wie alle opernkomponierenden Zeitgenossen: er tauscht nach Belieben seine Arien, Ballette, Opernsymphonien aus. Am Ende seiner künstlerischen Entwicklung aber steht das Ringen um die letztgültige Gestalt, das an Details feilt, ein Werk als Ganzes anerkennt und diese Formulierung «letzter Hand» weitergibt.

Neu ist – als Entsprechung der Rezeption – die Wichtigkeit der Aufführung. Gluck ist wohl der erste Komponist der Geschichte, der die kompositorische Absicht an die adäquate Aufführung bindet und demzufolge seine eigene Anwesenheit bei der Aufführung als unumgänglich betont. Zugleich ist Gluck damit der erste Reisedirigent, Vorläufer aller «Pultstars» mit der entsprechenden, zuweilen anzutreffenden Begleiterscheinung: der Tyrannei am Dirigentenpult. Gluck war wegen seiner Unerbittlichkeit, seiner Cholerik, der spitzen Zunge und der strengen Disziplin auf endlos sich hinziehenden Bühnen- und Orchesterproben bei seinen Interpreten verhaßt. Wenn sie sich nicht gerade in Freundschaft dem Meister zugesellten und immer wieder die von ihm geschaffenen Rollen gaben. Und auch das ist neu: mit Gluck und seinen Werken fing die Interpretationsgeschichte an. Sänger wurden für eine Rolle engagiert; ihre Interpretation dieser und keiner anderen Partie machte sie berühmt, ließ sie in ganz Europa damit gastieren. Mit der neuen Bedeutung der Aufführung hängt zusammen, daß auch die Proben schon öffentlich sind und den Rang einnehmen, der gemeinhin der Vorführung des Fertigen erst zukommt. Öffentlichkeit der Proben aber heißt nichts weniger, als daß schon der Prozeß der Entstehung eines Werks wichtig wird, nicht erst das fertige Ergebnis. Gluck war als Verantwortlicher für das Bühnengeschehen zugleich wohl einer der ersten Regisseure, der seine Solisten und Chorsänger auf den Proben mangelnder Schauspielkünste wegen beleidigte und seine Zornesausbrüche auf sie herabregnen ließ. Gluck, der erste Schöpfer von als «genial» erkannten Werken, war zugleich der erste «geniale» Nachschöpfer: der Produktion entspricht die Reproduktion.

Die adäquate Aufführung aber verlangt den hörenden Nachvollzug des Werks und die Reflexion darüber. Der Produktion und Reproduktion entspricht also eine analoge Rezeption. Mit Gluck fing im großen Stil die Musikkritik in den Journalen an. Sie wurde von ihm, dem künstlerischen Produzenten und Reproduzenten, selbst auf den Weg gebracht. Neu ist der leidenschaftlich geführte ästhetische Streit um das Werk. Das ja als einmaliges, «originales» akzeptiert war und den Status des Besonderen, Unwiederholbaren beanspruchte. Neu ist deshalb auch der in den Streitereien höhnisch vorgebrachte Hinweis auf Plagiate. Die Technik der musikalischen Entlehnung, mit dem musikwissenschaftlichen Terminus der Parodie belegt, war charakteristisch für die Bach–Händel-Zeit und wegen der mangelnden philosophischen Auszeichnung von Kunst noch legitim. Die Zeit aber, die Kunst neben der Vernunft als gleichrangigen Weg zu Erkenntnis benannte, mußte ihren eigenen Gesetzen gemäß jegliches Verharren auf früherer kompositorischer Erkenntnis – das Zitieren früherer musikalischer Formulierungen – ausschließen. Wieder tritt die Dialektik der Aufklärung zutage: Gluck, dem Schöpfer der «genialen» Trias von *Orfeo ed Euridice, Alceste* und *Iphigénie en Tauride* wurde der Vorwurf gemacht, von Ferdinando Bertoni eine Arie abgeschrieben zu haben. Der Vorwurf des Plagiats hat aber die Erwartung der Originalität hinter sich. Dieser Vorwurf übrigens und die zahlreichen Entlehnungen im Werk Glucks bewirken noch immer ein gewisses Unbehagen bei den meisten Gluck-Biographen.

Neu endlich ist auch die Musiksprache Glucks. Sie ist es – und Gluck formulierte sie neben Zeitgenossen wie Tommaso Traetta und Niccolò Jommelli –, die mit ihrer Unmittelbarkeit, «Natürlichkeit» und Klarheit die Zierlichkeit des musikalischen Idioms von Johann Adolf Hasse, dem Beherrscher der europäischen Bühnen, überwand. Damit brachte sie Hasses Stern zum Erlöschen. Hasse war lange Zeit die maßgebende europäische Autorität der Neapolitanischen Opernschule; seine «opere serie» waren Vorbilder für eine Komponistengeneration.

Neu ist bei Gluck ferner die Abkehr vom Schematismus der Metastasio-Operngestalten. Pietro Metastasio, der Wiener Hofdichter, versorgte über 50 Jahre lang halb Europa mit Opernlibretti. Seine Werke, die schon zu Lebzeiten des Dichters als unnatürlich und steif galten, waren im europäischen Hoftheater-System normativ, geschmacksbildend und wurden in Einzelfällen von über 80 Komponisten vertont. Das Gespann Metastasio–Hasse bildete gleichsam den normativen «opera seria»-Typus aus. Dagegen setzten Gluck und seine Librettisten die ästhetische Forderung der Aufklärung. Wieland, der Gluck-Freund, bestimmte, «daß die Karakter nicht bloß willkührlich nach der Fantasie oder den Absichten des Verfassers gebildet» – was direkt gegen Metastasio gemünzt sein könnte –, «sondern aus dem unerschöpflichen Vorrathe der Natur selbst hergenommen seyen; daß in der Entwicklung derselben sowohl die innere als die

*Christoph
Martin Wieland.
Kupferstich
nach einem
Gemälde
von Anton Graff*

relative Möglichkeit, die Beschaffenheit des menschlichen Herzens, die Natur einer jeden Leidenschaft, mit allen den besonderen Farben und Schattierungen, welche sie durch den Individualkarakter und die Umstände jeder Person bekommen, aufs genaueste beybehalten, das Eigene des Landes, des Ortes, der Zeit, in welche die Geschichte gesetzt wird, niemahls aus den Augen gesetzt, und kurz, daß alles so gedichtet sey, daß sich kein hinlänglicher Grund angeben lasse, warum es nicht gerade so, wie es erzählt wird, hätte geschehen können.»[4]

Neu ist, daß die bislang übliche Mehrfachvertonung aufhörte. Glucks Libretti wurden ausschließlich für ihn verfaßt, und eine Zweitvertonung war – rechtliche Möglichkeiten des Einspruchs kannte das 18. Jahrhundert ohne Copyright noch nicht – ein Sakrileg, dazu noch Gegenstand von Spott und Verachtung. Neu ist endlich das Finalproblem. Gluck ist der erste der Großen, der um den dramaturgisch, den künstlerisch überzeugenden Schluß ringt. Dessen von Konventionen freie Gestaltung bestimmt die Glaubwürdigkeit. Sie wird als Problem erkannt, von Gluck –

und von der gesamten Kritik. Auch davon wußte die Händel-Zeit nichts; den Komponisten des 19. Jahrhunderts war es dann ein essentielles Problem. Zeit seines Komponistenlebens rang Gluck damit, um erst am Schluß, in der *Taurischen Iphigenie*, ein Finale zu schaffen, das ihm stimmig schien und nicht der Nachbesserung bedurfte.

Herkunft und Jugend

Mit dem bewunderten Vorbild Händel und den beiden großen Nachfolgern im Genre, Wagner und Verdi, teilt Gluck, einem musikalisch unvorbelasteten Haus zu entstammen. Förster, Forstmeister waren Vater wie Vorväter. Von Glucks Mutter dagegen ist nicht einmal der Familienname bekannt. Der Ehe von Maria Walpurga (1692–1740) und Alexander Gluck (1682–1743) entstammten neun Kinder; deren erstes wurde am 2. Juli 1714 im oberpfälzischen Erasbach geboren und auf den Namen Christoph Willibald getauft. Die jüngste Schwester Maria Anna Rosina heiratete später einen Husarenrittmeister Claudius Hedler. Das aus dieser Ehe stammende Kind, Marianne, nahmen Gluck und seine Frau nach dem Tod der Mutter an Kindes statt an.

Wenig ist über Jugend, Schulzeit, ersten Instrumentalunterricht bekannt. Es muß teilweise erschlossen werden. Erst der Sechzigjährige, zur Berühmtheit Gewordene gibt, während eines sommerlichen Picknicks «im Park von St. Cloud»[5] zum Erzählen gedrängt, kokett über sich Auskunft. Der Mannheimer Hofmaler Johann Christian von Mannlich, ein wichtiger Zeitzeuge – einer der so seltenen, die sich über Glucks frühe Jahre äußerten –, notierte neben den amüsanten Pariser Probenberichten auch diese Begebenheit. Er weilte mit seinem kurfürstlichen Souverän, Karl Theodor von der Pfalz, in Paris. Karl Theodor hatte Gluck Logis in seinem Pariser Palais gewährt, und Mannlich hatte sich mit dem Ehepaar Gluck befreundet. Die Erzählung des alten Gluck wird freilich durch seine und Mannlichs Erinnerung an weit Zurückliegendes zweifach relativiert. *Mein Vater war Forstmeister in einem böhmischen Ort und hatte mich zu seinem Nachfolger bestimmt. Aber in meiner Heimat treibt alles Musik... Leidenschaftlich für diese Kunst entflammt, kam ich erstaunlich schnell vorwärts, spielte mehrere Instrumente, und der Lehrer unterwies mich... auch noch in seinen Mußestunden. Mein ganzes Sinnen und Trachten galt schließlich nur mehr der Musik, und das Forstwesen wurde beiseite geschoben.*[6] Mehrere Ortswechsel der Familie sind zu verzeichnen, und musikalische Unterweisung des Knaben Christoph Willibald auf der Jesuiten-Schule im böhmischen Komotau (Chomutov) darf angenommen werden; regulärer Schulbesuch dort ist nur für Glucks jüngeren Bruder Franz Anton verbürgt.

Geburtshaus Glucks in Erasbach

Es folgt, wenn Glucks Erzählung und Mannlichs Bericht stimmen, die heimliche Flucht aus dem Elternhaus. Wenn auch keine direkte Beeinflußung im Elternhaus Glucks in Richtung auf den späteren Werdegang zu verzeichnen ist, so geriet der Knabe möglicherweise doch schon früh in den Dunstkreis seiner späteren Entwicklung. Denn sein Vater war nacheinander Forstmeister beim Grafen Philipp Joseph Kinsky und beim Prinzen Philipp Hyacinth Lobkowitz. Die Namen Kinsky aber und Lobkowitz vor allem waren von zentraler Bedeutung für das Wiener Musikleben jener Zeit. Glucks Erzählung über seine Jugend mutet fast romantisch an:
Eines schönen Tages, mit wenigen Groschen in der Tasche, verließ ich heimlich das elterliche Haus und wanderte... auf Umwegen in der Richtung nach Wien. Unterwegs verschafften mir die Lieder auf meiner Maul-

trommel bei Bauersleuten Nahrung und Nachtherberge... An den Sonn- und Festtagen spielte ich in den Dorfkirchen bald dieses, bald jenes Instrument, galt für einen Virtuosen, und gewöhnlich beherbergten mich die Pfarrherren, bei denen ich mich, zuweilen tagelang ihr gern gesehener Gast, frei und unabhängig als den glücklichsten Burschen der Welt fühlte.[7]

Der doppelten Brechung durch Glucksche und Mannlichsche Alterserinnerung an früh Erlebtes mögen Tonfall und vielleicht auch geographische Irrtümer zuzuschreiben sein. Denn nicht Wien ist die Stadt des ersten schriftlichen Nachweises über Glucks Werdegang: aus Prag, von der Karls-Universität ist die Immatrikulation des «Gluck Christophorus Palatinus Erspachensis»[8] bezeugt. Von dort, nicht von Wien aus, mag die Aussöhnung mit dem Vater erfolgt sein, der sich den Neigungen seines Sohnes lange widersetzt und ihn zur Flucht getrieben hatte. Gluck hatte sich an einen Pfarrer *in der Hauptstadt* empfehlen lassen, *der mich freundlich aufnahm, mir indes nicht verhehlte, daß es in Wien Virtuosen meines Schlages nach Tausenden gäbe und ich samt meinem Talente ohne Geld des Hungers sterben würde. Ich gestand ihm nun, wer ich sei und woher ich käme. Er interessierte sich für mich und überredete meinen Va-*

Prag, Altstadt

ter, der sich nun meiner Neigung nicht mehr widersetzte und mir eine Unterstützung gewährte.[9]

Die Immatrikulation im Jahre 1731 für die Fächer Logik und Mathematik läßt den Rückschluß auf ordnungsgemäßen Schulbesuch zu. Von einem entsprechenden Abschluß fehlt freilich jeder Nachweis. Die nächsten Schritte Glucks können wieder nur erschlossen werden. Noch vor 1736 war er nach Wien gekommen, womöglich schon um 1734. Vielleicht hatte er sich unter die Protektion des Hauses Lobkowitz begeben. Prinz Philipp Hyacinth starb Ende 1734 in Wien, und die Vermutung liegt nahe, daß Gluck sich dem Wohlwollen des väterlichen Dienstherrn und dem dessen Sohnes und Nachfolgers, Fürst Ferdinand, empfahl.

Mit väterlicher Unterstützung also, und wohl auch der des Hauses Lobkowitz, vermutlich als Mitglied der Fürstlich Lobkowitzschen Hauskapelle, begann Gluck in Wien Fuß zu fassen. Der knapp Zwanzigjährige sah sich hier den letzten Vertretern einer untergehenden Epoche der Mu-

Fürst Ferdinand Lobkowitz

Gluck. Gemälde von Jäger

sikgeschichte gegenüber. In Wien herrschten der greise Hofkapellmeister Johann Joseph Fux, als Vizekapellmeister wirkte Antonio Caldara. Beide waren Kontrapunktiker, Vertreter also der «barocken» Polyphonie, der generalbaßgestützten, harmonisch durchgearbeiteten Musik, die die

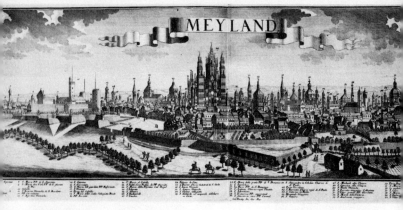

Mailand

Bach-Söhne – das Urteil bezieht sich auch auf ihren Vater – als «gelahrt» empfunden haben, als Hort des «Unnatürlichen». Jenseits der Alpen, in Italien, verkörperte der blutjunge, nach Bach geborene, lange vor ihm gestorbene Giovanni Battista Pergolesi das Ideal der neuen Zeit: das melodische Ideal, das Stimm-Imitation, Fugato-Techniken und dergleichen nicht kannte. Das Primat hatte nun die Oberstimme. Deren leicht eingänglichem, melodischem Duktus unterwarfen sich die anderen als Stützstimmen. Das Zeitalter des «empfindsamen» und des «galanten» Stils war gekommen. Nicht dem Hofkapellmeister Fux, dessen Kontrapunktlehre «Gradus ad Parnassum» noch einmal den Parnaß der alten Musik aufleben ließ, folgte Gluck. Wie es scheint, ergriff er wohl eine der ersten Gelegenheiten, sich nach Italien abzusetzen.

Wie angenommen werden darf, hat er im Lobkowitzschen Palais einen jungen Mailänder Aristokraten, den Prinzen Antonio Maria Melzi getroffen. Melzi engagierte den sich in Wien offenbar einigermaßen heimatlos fühlenden Gluck für seine Privatkapelle, und Anfang 1737, kurz nach der Hochzeit seines neuen Souveräns im Januar, muß Gluck in Mailand angekommen sein.

Mailand und Venedig

Es wurde vermutet, daß Gluck in Mailand Schüler von Giovanni Battista Sammartini wurde. Ein persönliches Verhältnis indes läßt sich nicht nachweisen. Daß aber der damals weltberühmte Sammartini einen Einfluß auf Gluck hatte, steht außer Frage. Vielleicht datieren aus jener Mailänder Zeit und der ersten unmittelbaren Erfahrung der neuen Musiksprache erste Versuche Glucks, sich in diesem Idiom zu äußern. Möglicherweise sind die 1746 in London veröffentlichten Trio-Sonaten – eine Sammlung von sechs Werken dieses kammermusikalischen Genres, das Gluck dann nie wieder aufnehmen sollte – oder auch nur Teile daraus schon hier, in der für Gluck neuen und anregenden Mailänder Welt entstanden.

Im Herbst des Jahres 1740 wird er vom Tod seiner Mutter Maria Walburga Gluck erfahren haben; sie war am 8. August dieses Jahres gestorben. Dann kommt endlich der erste Auftritt des Komponisten Gluck. Nach Jahren einer womöglich untergeordneten Tätigkeit, vor allem aber: ohne jegliches zaghafte oder bescheidene Annähern ans Genre, ohne jede Ankündigung in etwaigen früheren Versuchen, tritt Gluck ins Rampenlicht. Der Opernkomponist bringt seinen Erstling heraus – und hat sofort Erfolg damit. Als Eröffnung der Karnevals-«Stagione» des Teatro Regio Ducal am 26. Dezember 1741 hat Glucks *Artaserse* Premiere in Mailand.

Ein neuer Abschnitt beginnt. Im Unterschied zu Mozart oder Pergolesi war Gluck mit 27 Jahren relativ alt, als er ans Licht der Öffentlichkeit trat. Mit seinem *Artaserse* kam er in – freilich noch indirekte – Verbindung zu dem Mann, der wie kein anderer über Europas Opernbühnen herrschte und den er, Gluck, zu entthronen berufen war. Die Rede ist von Pietro Metastasio, dem kaiserlichen Hofdichter und Librettisten einer Unzahl von Opern, die die Theater des Kontinents herausbrachten. Einige seiner Libretti brachten es auf zweistellige Vertonungen. Die längste Zeit seines Schaffens sollte auch Gluck ihm verbunden bleiben.

Als Pietro Trapassi wurde Metastasio 1698 in Rom geboren. Zehnjährig wurde er von dem Gräzisten und Juristen Gian Vincenzo Gravina, einem Vertreter der Naturrechts-Lehre, adoptiert, der den Namen seines Schützlings ins Griechische übertrug. Gravina seinerseits hatte die literarische Gesellschaft der «Accademia dell' Arcadia» mitbegründet. Meta-

Giovanni Battista Sammartini

Pietro Metastasio. Gemälde von Johann Nepomuk Steiner

stasio wurde später Mitglied in dieser Vereinigung, geradeso wie Gluck und sein wichtigster Librettist Ranieri da Calzabigi. Daß Gravina, der Adoptivvater, Jurist war und seinen Schützling entsprechend beeinflußte, ist den Sujets Metastasianischer Opern wohl abzulesen. Zum überwiegenden Teil handeln sie von Herrschertugend, von Recht und sittlichem Handeln des einzelnen gegenüber der Gemeinschaft. Metastasio wurde zu Beginn seiner Karriere bescheinigt, ein zu Unglaubwürdigkeit und zum Prunk verkommenes Genre gereinigt zu haben. Mit seinem Namen verband man zunächst eine neuerliche Stringenz der Handlung – die sich allerdings bald als Schematik erweisen sollte – und Stoffe, die das Theater zur «moralischen Anstalt» werden lassen konnten – was dann freilich später dem Verfasser den Vorwurf der Trockenheit und Langeweile eintrug. Tatsächlich ist der dramaturgische Ablauf in Metastasios Libretti für den heutigen Betrachter von einer Gleichförmigkeit, die sich als Austauschbarkeit der einzelnen Momente darstellt. Die Handlung einer solchen Oper wiederzugeben lohnt sich ebenso wenig wie die der Händelschen Bühnenwerke.

Der Vorwurf der zum Schema geronnenen Typik erging zu Recht. Die Libretti sind fast ausnahmslos dreiaktig, geschieden nach handlungstreibenden Rezitativen und innehaltenden Arien. Oft genug handelt es sich dabei um eine der bald so verpönten Gleichnisarien, in denen der Protagonist sich, seinen Zustand mit einem der Natur entnommenen Bild vergleicht. Typisiert sind auch die Affekte: die stets ans Szenenende gesetzten Arien, die für bravourösen Abgang des Sängers sorgen, waren als Liebes-, Eifersuchts- oder Rachearie zum Ort feststehender kompositorischer Floskeln, einer eindeutigen musikalischen Sprache geworden. Der starre Bau dieser Intrigenstücke kam zudem Theaterkonvenienzen entgegen, sofern er sie nicht überhaupt begründete. Denn das Handlungspersonal sah eine Titelfigur vor, oft einen Potentaten des Altertums, dann ein erstes Sängerpaar, «primo uomo» und «prima donna», ein ebensolches zweites, «second' uomo» und «seconda donna», dazu noch «confidenti», Vertraute also, und den Chor.

Diese Typik führte im Opernalltag zu höhnischen Konsequenzen. So entstanden «pasticci», wörtlich: Pasteten, ein musikalischer Mischmasch aus verschiedenen Werken desselben Librettisten; von einem oder meist mehreren Komponisten vertont oder aus deren alten Werken zusammengestellt. Dieses Verfahren bedeutete nicht einmal einen dramaturgischen Einbruch, kaum taugt der Terminus Dramaturgie hier. Denn in der Tat waren die Arien und ihre Texte austauschbar und wurden, wie es scheint, auch hemmungslos ausgetauscht, und wer eine Metastasio-Oper kannte, kannte sie alle. Mozart hatte am Schluß seiner Laufbahn noch ein solches Metastasio-Werk zu vertonen, die «Clemenza di Tito», eine Aufgabe, die ihm als künstlerischer Rückschritt erscheinen mußte; er war der Dreißigste von Dreiunddreißig, die den «Titus» vertonten.

Johann Friedrich Reichardt

Glucks in Mailand entstandenes Erstlingswerk teilt mit einem Großteil der nachfolgenden Werke das Schicksal der Unauffindbarkeit. Zwei Arien sind einzig erhalten. Aber wenn das Zeugnis des Musikkritikers, Reiseschriftstellers und Komponisten Johann Friedrich Reichardt stimmt, konnte Gluck sich bereits mit seinem Opus 1 von den komponierenden Zeitgenossen absetzen. Wodurch sich aber der vollkommen unbekannte junge Komponist der Impresa in Mailand empfohlen und den Auftrag für sein erstes Werk erhalten hatte, steht dahin. Und nur fünf Monate später, am 2. Mai 1742, hob sich im venezianischen Teatro San Samuele der Vorhang zur zweiten Gluck-Premiere: *Demetrio*, wieder nach Metastasio. Bis auf acht Arien ist auch dieses Werk verloren. Ein weiteres Mal sicherte sich danach Mailand eine Spielzeiteröffnung durch Gluck, der innerhalb eines Jahres sein drittes Werk vorlegte, den *Demofoonte* nach Metastasio.

Solche Aufträge waren «scritture», von der Intendanz vergebene Aufträge, ein vorliegendes Buch in Musik zu setzen, dazu noch das neue Werk einzustudieren und die ersten fünf, sechs Aufführungen zu leiten. Die Stereotypie der Libretti kam der nur knappen Zeit zum Komponieren entgegen. Maßgabe waren Usancen und Fähigkeiten des jeweiligen Theaters und seines Ensembles. Längst noch nicht das, was später Dramaturgie, Glaubwürdigkeit, vor allem: künstlerische Absicht des Komponisten genannt wurde. Immerhin wurde noch im selben Jahr in Reggio, im folgenden in Bologna, 1747 erneut in Mailand dieser *Demofoonte* wiederaufgenommen bzw. einstudiert – ungewöhnlich für die eher ephemeren «scritture». Vielleicht ist bei diesen frühen Aufträgen Protektion des Hauses Habsburg nicht auszuschließen: Gluck widmete die Werke jeweils dem österreichischen Gouverneur, bis 1743 dem Grafen Traun, ab September dieses Jahres dem Fürsten Georg Christian Lobkowitz, dem Bruder Philipp Hyacinths.

Vom Tod seines Vaters, der am 26. Juli 1743 gestorben war, wurde Gluck wohl berichtet. Beide Eltern wird er seit Jahren nicht mehr gesehen haben. Rudimentär sind die Kenntnisse über die Opernproduktionen Glucks jener Jahre; nichts deutet auf den fundamentalen Wandel in der Rezeption hin, der mit dem *Orfeo* einsetzen sollte. Die nächste Premiere, in Crema, einem kleinen Ort bei Mailand, anläßlich einer Herbstmesse, war am 26. September 1743 die des *Tigrane*. Er war einmal nicht auf Metastasio-Worte gesetzt. Francesco Silvani hatte einen Goldoni-Text bearbeitet. Bedeutsam für den Biographen ist dieses Werk, weil sich hier das erste Beispiel einer Arie findet, die Jahrzehnte später im Spätwerk, genauer: in der *Armide* von 1777 wiederverwendet wird. Es mag schon damals die Klarheit, die zuweilen an Nüchternheit grenzende Musiksprache aufgefallen sein, die dann für das Reformwerk kennzeichnend ist. Bedeutsam ist auch eine schon im *Tigrane* sich manifestierende kompositorische Besonderheit Glucks, die später bei der Auflösung der Arien-Schematik grundlegend sein sollte und die von Glucks französischen Gegnern so leidenschaftlich kritisiert wurde: der ungleichmäßige Periodenbau. Nicht einer gleichmäßigen vier- bzw. achttaktigen musikalischen Phrase wird der Text angepaßt, sondern kurze Textzeilen ziehen oft genug ebensolche, durchaus ungeradtaktige Melodiebögen mit unregelmäßiger Pausenverteilung nach sich, die sich weitgehend dem Sprachduktus fügt.

Kaum vier Monate später, am 18. Januar 1744, findet die nächste Premiere statt: *La Sofonisba*, wieder in Mailand, wieder nach einem Libretto von Metastasio. Hier zeigen sich die Folgen der undramatischen, hölzernen Struktur seiner Libretti: verwendet wurde nur der Arientext; die Rezitativtexte verfaßte Silvani neu. Die Zerstückelung ist allerdings als zeittypische zu werten, sie erlaubt keine Prospektion auf den künftigen Revolutionär der Dramaturgie. Wie auch die musikalische Sprache Glucks zu jener Zeit sich zumeist nicht von der seiner Zeitgenossen unterscheidet. Seinen eigenen Werken ging es überdies wie denen anderer Komponisten: die erwähnte Einstudierung des *Demofoonte* in Reggio geschah um den Preis, daß der leitende Kapellmeister 15 der 24 Gluckschen Arien durch eigene ersetzte.

Möglich ist eine Teilnahme Glucks an einem venezianischen «pasticcio»: der «Finta schiava» im Mai 1744. Gesichert ist dann die Premiere der Metastasianischen *Ipermestra* am 21. November im venezianischen Teatro San Giovanni Crisostomo. Die Partitur dieser Oper ist die erste von Gluck erhaltene. Wenige Wochen später, am 26. Dezember, folgte der *Poro* zur Spielzeiteröffnung des Teatro Regio in Turin, darauf wieder nur einen Monat später, am 31. Januar des Jahres 1745 in Mailand, dem ständigen Wohnort Glucks, der *Ippolito*, wie seine beiden Vorgänger nach älteren Metastasio-Stoffen komponiert.

Dieser furiose Kraftakt einer Trias von abendfüllenden Werken innerhalb eines Vierteljahrs war auch für einen Komponisten von «scritture» ungewöhnlich; ein Eklat unvermeidlich. Ließ der Komponist ihn in der Vorahnung geschehen, daß damit seine «Mailänder» Periode zu Ende gehen würde? Bald sollte er Italien verlassen und nach London fahren. Nahm er vielleicht deshalb Zeitnot und Provokationen in Kauf? Es mag auch sein, daß Gluck sich zum erstenmal gegen die Fraglosigkeit der Annahme eines vorgesetzten Librettos auflehnte. Gerade der Turiner Stoff, diesmal nach einer zweiten Hauptfigur benannt, kam unter dem eigentlichen Titel «Alessandro nell'Indie» auf kaum glaubliche 88 Vertonungen. Es mag sein, daß Gluck sich womöglich nicht in diese endlos werdende Reihe einfügen lassen wollte.

Ohne Zweifel bahnte sich für ihn eine nach üblichen Maßstäben glänzende Karriere als Komponist von «scritture» in Italien an. Gluck schien diese Möglichkeit bewußt zu verwerfen. Er brüskiert die Turiner Theaterleitung durch Vertragsbruch; veranlaßte, daß Kuriere auf seine Fährte gesetzt wurden, ihn irgendwo zwischen Mailand und Venedig aufzutreiben und die längst überfällige Partitur einzuholen; erschien weder zu Proben noch Aufführungen und hatte finanzielle Einbußen hinzunehmen, die allerdings hinter dem rechtlich Möglichen zurückblieben. Zuvor war es Gluck sogar gelungen, sein Salär heraufzuschrauben.

Aus diesen frühen Opern, die sich ansonsten kaum von der typischen «seria» jener Zeit unterscheiden, konnten trotzdem einige Arien ins Spätwerk, in die *Armide* übernommen werden, ohne daß ein Stilbruch bemerkbar würde. Daraus mag der Grund für den Erfolg Glucks ersehen werden, der sich gegen längst etablierte Komponisten wie Hasse, Leonardo Leo, Leonardo Vinci durchsetzte. Gegen die Kantabilität der Melodien und die Weichheit im Ausdruck des gängigen Repertoires mußten die schon zu dieser frühen Zeit sich zuweilen manifestierende Klarheit der diatonischen Harmonik, die Schnörkellosigkeit der Melodik – die sich später zur Strenge steigern sollte und Gluck die Vorwürfe seiner Widersacher einbrachte –, die Unmittelbarkeit und Direktheit des Ausdrucks auffallen, wie auch der erregte Gestus vieler Gluckschen Arien.

Zwischenspiel in London

Glucks Reise nach London läßt sich nicht mehr rekonstruieren. Er hat sie vielleicht in Gesellschaft von Fürst Ferdinand Philipp Lobkowitz unternommen. Der Weg wird dann über Frankfurt geführt haben, da die Anwesenheit von Ferdinand Lobkowitz bei der Krönung Franz' I. zum Kaiser am 28. September 1745 gesichert ist. Dort ist Gluck dann möglicherweise einer reisenden Operntruppe begegnet, deren Mitglied er später werden sollte. Unklar ist auch der Grund, der ihn nach London gehen ließ. Gegen Österreich war in Mailand ein spanisches Heer eingezogen; England dagegen war mit Österreich und Holland in der «pragmatischen Armee» zusammengeschlossen, um die Teilung der spanischen Erblande in den Niederlanden zu verhindern. Vielleicht war Gluck ein zweites Mal den Kriegswirren entflohen und hatte sich in ein dem Haus Habsburg geneigtes Territorium begeben.

Die künstlerische Attraktion durch Händel, der dort lebte, arbeitete und konzertierte, ist offenbar. Gluck schätze ihn zeitlebens; seine Chorbehandlung ist ohne Händels Vorbild kaum zu denken. Ein Besucher Glucks in Wien berichtete Jahrzehnte später, noch beim greisen Meister hätte ein Porträt Händels über dem Bett im Schlafzimmer gehangen. Fest steht auch nicht der Ankunftstag, wohl aber der der ersten Premiere Glucks in London. Das Haymarket Theatre war innenpolitischer Wirren wegen wie die anderen Londoner Theater geschlossen worden; der «young pretender», der Stuart-Prätendent Charles Edward war in Schottland gelandet, London in Panik geraten. Und wie Händel den Sieg des regierenden Hauses Hannover mit seinem «Judas Maccabaeus» verherrlichte, steuerte auch Gluck einen thematisch ähnlichen Beitrag zum Sieg bei, mit dem das Haymarket Theatre wieder eröffnet werden sollte. Am 7. Januar 1746 ging seine *Caduta de' Giganti* dort über die Bühne, dicht gefolgt, am 4. März, vom *Artamene*. Die *Caduta* aber fällt merkwürdig ab gegen Händels Oratorium, denn sie ist lieblos zusammengesetzt aus früheren Kompositionen. Sie und die *Artamene* sind bloße «pasticci».

Trotz der vermutlich ersehnten Nähe zu Händel war für Gluck dieses Londoner Gastspiel künstlerisch alles andere als befriedigend, wenn auch die späte Erinnerung verklärend wirkte. Die kurze Dauer des Aufenthalts, mehr noch der Charakter der Werke legen dieses Urteil nahe. Weit

Georg Friedrich Händel. Gemälde von Thomas Hudson

mehr als die Hälfte beider Werke sind – teils sogar notengetreue – Übernahmen. Eine solche Übernahme vorhandener Musik, eigener oder fremder Herkunft, war zu jener Zeit noch künstlerisch legitim, wie auch Händels Kompositionspraxis belegt. Erst die um jene Zeit – in Schottland

Haymarket Theatre, London

– formulierte Genielehre gab dann den erkenntnistheoretischen Grund, ein Kunstwerk als einmaliges, «originales» anzusehen. Und erst die folgenden Jahrzehnte zeitigten, nicht zuletzt durch die Person und das Werk Glucks, diese philosophische Auszeichnung auch in der Musik. Zuvor durfte Komposition als Handwerk gelten, wie Bach es formulieren konnte. Der rationalistischen Klarheit und Eindeutigkeit jener «vorkantischen» Musik mit ihrem immensen Katalog an musikalisch-rhetorischen Figuren, dem unumgänglichen Handwerkszeug eines Tonsetzers, entsprach die «Richtigkeit» eines einmal formulierten Affektausdrucks, der folglich versetzt und in einen neuen musikalischen Zusammenhang gestellt werden konnte. Trotzdem fällt diese Entlehnungspraktik, obwohl also zeittypisch, im Falle der beiden Londoner Opern Glucks auf. Denn nie wieder sollte er sie in solch extensivem Maße anwenden. Darin sind diese beiden Opern gleichsam das Gegenteil der Wiener Reformwerke, die nämlich auf Parodie verzichten.

Die Londoner Werke und die Kürze des Aufenthalts in der englischen Hauptstadt legen den Schluß nahe, daß Gluck sich in einer künstlerischen Krise befunden hatte. London mußte sich als Fortsetzung «italienischer Verhältnisse» entpuppt haben. Glucks vermutliche Einsicht setzt die Erfahrungen Händels voraus. Auch Händel hatte einsehen müssen, daß seine italienischen Opern mit ihren oft genug krausen, überladenen Libretti nicht länger als zeitgemäße künstlerische Äußerung gelten konnten. Das gemeinsam mit Gluck am 25. März 1746 veranstaltete Konzert spiegelte diese Entwicklung. Es sah von Gluck dessen *Caduta*-Ouvertüre vor, dazu vier Arien dieser Oper. Von Händel aber wurden neben einem Orgelkonzert drei Arien aus dessen zukunftsweisendem Genre, dem Oratorium, gegeben: zwei aus «Samson», eine aus «Alexander's Feast».

Die wohl noch in Italien entstandenen, bereits erwähnten sechs Trio-Sonaten, der einzige Beitrag zu diesem Genre und im modischen «galanten» Stil gehalten, erschienen während dieses Londoner Aufenthalts. Gluck ließ sie von Händels renommiertem Verleger John Walsh herausgeben. Dessen persönliche Verbindung zu diesem Verlagshaus mochte den Plan der Edition bewirkt oder befördert haben. Als eher kuriose Frucht dieses Aufenthalts ist ferner ein Benefizkonzert Glucks zu bezeichnen, mit einem Instrument, das ihm aus Jugendtagen in Böhmen vertraut sein mochte. Eine Zeitungsnotiz berichtet darüber für den 14. April, mit einer Wiederholung am 23. April, woraus zugleich die Mindestdauer von Glucks Aufenthalt ersehen werden kann. Der Meister selbst würde «ein Konzert spielen… auf 26 Trinkgläsern, durch Wasser gestimmt und vom Orchester begleitet, einem neuen Instrument seiner eigenen Erfindung, auf dem er alles ausführt, was auf einer Violine oder dem Klavier geleistet werden kann» [10].

Zweiunddreißigjährig verließ Gluck London. Das abrupte Abbrechen der ersten oberitalienischen Erfolgsserie und das auf die Londoner Zeit folgende Engagement Glucks sind weitere Indizien, daß der Komponist sich in einer künstlerischen Krise befunden haben muß. Diese Krise fand wohl erst mit der Formulierung und Komposition seiner eigenen musikdramatischen Ideen ihr Ende, mit dem Reformwerk also. Gluck schloß sich bald nach seiner Abreise aus England einer reisenden Operntruppe, einer Wanderbühne, an, und sein Weg verliert sich erneut im dunkeln.

Wanderjahre

Über die Abreise aus London ist ebensowenig bekannt wie über Beginn und Charakter von Glucks Engagement bei den reisenden Operntruppen von Pietro und Angelo Mingotti. Solche mobilen Bühnen bedienten jene Städte, die über kein festes Opernhaus verfügten. Das waren zu jener Zeit alle, die nicht Residenzstadt eines musikliebenden Fürsten waren; deren Souverän kein eigenes Theater subventionierte; deren städtische Oper, wie in Hamburg, wieder schließen mußte. Neben den Mingotti-Truppen war eine der bekannteren die des Giovanni Battista Locatelli. Allen dreien war Gluck zeitweilig verbunden.

Dokumentiert ist erst wieder ein Auftritt Glucks am 29. Juni 1747 zur Aufführung einer «serenata teatrale» anläßlich der Feierlichkeiten um eine Doppelhochzeit im sächsischen Herrscherhaus in Dresden: *Le Nozze d'Ercole e d'Ebe*. Die Truppe Pietro Mingottis assistierte dort der Hofoper. Der musikalische Hauptbeitrag war dem Hofkomponisten vorbehalten: Johann Adolf Hasse brachte seine «Spartana generosa» heraus. Gluck hat möglicherweise bei dieser Gelegenheit einen der Tänzer kennengelernt, der später zu europäischem Ruhm aufsteigen sollte und bei einigen der Gluckschen Spätwerke mitarbeitete: Jean-Georges Noverre.

Die Arbeit der Mingotti-Truppe, Glucks «serenata teatrale», wurde auf einer Freilicht-Bühne im unweit von Dresden gelegenen Park des Schlosses Pillnitz gegeben, wobei die Gattungsbezeichnung «serenata teatrale» auf den inferioren Rang des Stücks hinweist. Die Rolle Glucks bleibt unklar. Ein Beleg weist aus, daß «412 Thlr. 12 gr. – dem Sänger Christoph Gluck, zu seiner Abfertigung gegen Quittung»[11] am 15. September ausgehändigt wurden. Es ist dies das einzige Mal, daß Gluck so bezeichnet wird. Ob er selbst oder der Mingotti-Kapellmeister Paolo Scalabrini sein Werk dirigierte, ist ungewiß. Dieses panegyrische Gelegenheitswerk, eine der damals üblichen Lobpreisungen des Herrscherhauses also, ist nicht nur zu einem Drittel kompiliert – ein Satz der Ouvertüre stammt sogar vom vermeintlichen Gluck-Lehrer Sammartini. Sondern es hinterläßt mit seiner zeittypischen «galanten» Melodik der ausgedehnten dreiteiligen da capo-Arien, andererseits dem Versuch der formalen Auflösung mittels tremolierendem recitativo accompagnato und kürzeren Ariosi einen durchaus uneinheitlichen Eindruck, wozu auch die neben

Schloß Pillnitz bei Dresden. Aquatinta von J. C. A. Richter

aller Koloratur sich mitunter zeigende charakteristische Wortvertonung beiträgt. In dieser Widersprüchlichkeit fügt es sich aber in die Stilistik des Frühwerks insgesamt.

Ungewöhnlich ist der nächste Auftrag. Es handelt sich um die Festoper für den Geburtstag der Kaiserin Maria Theresia in Wien im Jahre 1748, mit der gleichzeitig das umgebaute Burgtheater wiedereröffnet wurde. Die Stoffwahl steht im Zusammenhang mit dem historischen Augenblick. Den Hintergrund bilden die Friedensverhandlungen in Aachen, die mit der Beendigung des österreichischen Erbfolgekriegs zugleich die Verteidigung der «Pragmatischen Saktion» zum Ziel hatten. Der Wunsch nach Duldung der weiblichen Erbfolge wurde künstlerisch durch den Verweis auf die legendäre persische Herrscherin Semiramis betont, die nach dem Tod ihres Mannes, König Ninus, den Thron einnahm. Metastasios Libretto der «Semiramide riconosciuta» war bereits anläßlich der Krönung Maria Theresias zur Königin fünf Jahre zuvor, möglicherweise von Hasse, vertont worden. Die Bedeutung der neuerlichen Vertonung ist offenbar. Gluck wurde vielleicht durch die habsburgischen Sonderbotschafter bei der Dresdner Hochzeit empfohlen, auch Sänger und Tänzer waren von dort engagiert. Die frühen italienischen Erfolge des einheimischen Komponisten mögen zusätzliche Empfehlung gewesen sein.

Es kann nicht ausgeschlossen werden, daß Gluck und Metastasio sich persönlich begegneten. Metastasios Äußerung über das musikalische Ereignis ist charakteristisch für die damalige Einschätzung Glucks durch den Hofdichter. «Semiramide è alle stelle» – Semiramis ist himmelsstür-

Maria Theresia, Joseph II. und Familie. Gemälde von H. F. Füger

mend; damit meint der Librettist neben der szenischen Ausstattung vor allem seinen Anteil am Werk. Himmelsstürmend sei das Werk «a dispetto d'una musica arcivandalica insopportabile», trotz einer erzvandalisch-unerträglichen Musik.[12]

Gluck reagierte feinfühlig auf die Besonderheit des Auftrags: das erste Mal seit Jahren verzichtete er auf Übernahme älterer Musik. Das gesamte Werk ist neu komponiert. Damit nimmt es im «vorreformatorischen» Werk eine Sonderstellung ein. Denn die Mühe einer vollständigen Neukomposition machte sich Gluck – außer in seinem italienischen Frühwerk, das den musikalischen Grundstock bildete – immer nur dann, wenn er ein neues Genre betrat oder schuf. Vollständige Neuvertonung ist demnach eines der Kennzeichen der ersten Reformwerke. Gelohnt freilich wurde dem Komponisten die Mühe der künstlerischen Authentizität diesmal noch nicht; es steht zu vermuten, daß er einer Festanstellung nicht abgeneigt gewesen wäre, weswegen er in der auf alle «Parodie» verzichtenden Partitur «sein Bestes»[13] gab.

Erneut verließ Gluck aber Wien, schloß sich ein weiteres Ma... Truppe Pietro Mingottis an. Ein Zeitungsausschnitt aus Hamburg von 3. Oktober des Jahres 1748 berichtet: «Der wegen der Tonkunst so bekannte Hr. Gluck ist anjetzo Capellmeister anstatt des Hrn.... Scalabrini, welcher in königl. Dän. Dienste getreten ist.»[14] Es besteht ein Mißverhältnis zwischen dem europäischen Ruf Glucks und dem eher bescheidenen Aufstieg zum Mingotti-Kapellmeister. Dieses Engagement bei Mingotti und seiner fahrenden Truppe ist überdies der einzige Moment, in welchem Gluck mit Theaterklatsch in Verbindung gebracht werden kann. Der Briefwechsel einer der Sängerinnen, Marianne Pirker, mit ihrem Mann verrät und verschweigt zugleich schamhaft Details aus Glucks Privatleben. Eine ihrer Kolleginnen ist Theaterintrigen zum Opfer gefallen: «Es ist eine Rebellion hier wider die Buffa.»[15] Eine andere nahm ihren Platz als «prima donna» ein. Aber: «Es geschieht der Sau recht, warum hat sie den armen Cluch so ruiniert.» Die offenbar venerische Krankheit soll auf jeden Fall geheim bleiben: «Es reuet mich 1000 mal, daß ich dir die Krankheit des Klugs beschrieben. Um Gotteswillen sage

Das alte Burgtheater

...s, ich habe meine Ursachen. Es ist schon um vieles bes-

...ßend begaben sich Pietro Mingotti und seine Sänger nach Ko-
... Vom Vorjahrsaufenthalt waren sie dort bekannt. Das musikalische ...gebnis dieser Reise gleicht derjenigen des Dresdner Gastspiels.
Wieder wird Gluck zum Lobredner. Seine *Contesa de'Numi*, der *Götter-
wettstreit*, wird am 9. April 1749 herausgebracht anläßlich des «Fürgangs»
der dänischen Königin, ihrem ersten Erscheinen nach der Geburt ihres
Kindes, des nachmaligen Königs Christian VII. Ein zu vergleichbarer Gelegenheit von Metastasio bereits 1729 verfaßtes Libretto – die Götter
streiten um das Recht der Erziehung des neuen königlichen Erdenbürgers
– wird aktualisiert. Am Tag des verspäteten «Fürgangs», wie er von Marianne Pirker geschildert wurde, hatte das neue Werk Glucks seine Uraufführung, ein «typisches Produkt höfischer Konvention»[17]. Ungewöhnlich
sind die instrumentalen Einleitungen. Die Ouvertüre des ersten Akts
geht übergangslos in die erste Szene über, ein Kennzeichen späterer Reformopern wie der *Alceste* zum Beispiel und auch der *Iphigénie en Tauride*. Ungewöhnlich ist, daß auch der zweite Akt eine musikalische Einleitung erhält.

Nach diesem dänischen Gastspiel verliert sich Glucks Spur aufs Neue.
Ein halbes Jahr später, während der Karnevals-Saison des Prager Theaters, kommt dort der *Ezio*, wie die beiden vorhergehenden «serenate»
nach Metastasio komponiert, am 26. Dezember 1749 heraus, diesmal von
Giovanni Battista Locatellis Operntruppe ausgeführt. Gluck hat vermutlich während dieser Zeit in Prag gewohnt, wie eine Ankündigung des folgenden Jahres ausweist. Sie spricht vom «famoso Kluk che risiede in
Praga di Boemia»[18], vom berühmten Gluck, der im böhmischen Prag
wohnt. Dieses Metastasio-Libretto mußte sich vom Komponisten drasti-
sche Eingriffe gefallen lassen, wie Gluck überhaupt mit und seit dem
Ezio, dem Gluck-Biographen Alfred Einstein zufolge, «fühlbarer als je
zuvor»[19] am Schema der traditionellen «seria», an «ihren Grundfesten zu
rütteln» beginnt.

Eine Arie aus dieser Oper – *Se povero il ruscello* – fand nach einer
Zwischenstufe im *Antigono* des Jahres 1756 ihre endgültige Verwendung
und Formulierung im *Orfeo*: sie wurde zur Elysiums-Musik *Che puro ciel*,
gesungen von Orpheus, als er das erste Mal der elysäischen Felder ansich-
tig wird.

Der Weg dieser Arie illustriert beispielhaft die Entwicklung des Gluckschen Kompositionsstils: «Im *Ezio* war das Stück geschaffen worden, um
ein Naturbild in Musik umzusetzen», das eines fließendes Bachs. «Im *Antigono* trat die Idee der Sehnsucht nach dem ewigen Frieden hinzu und
transponierte das reale Naturbild in eine geistige Schau des Elysiums. In
der Szene des Orpheus bilden beide Motive ein untrennbares Ganzes.
Die Musik erhielt erst hier ihren eigentlichen Platz, und dank der immer-

währenden Arbeit an der Gestalt des Satzes paßt sie sich organisch in die neue Umgebung ein.»[20] Aus der Schilderung eines äußeren Zustands war demnach die eines inneren geworden.

Damit ist ein Kriterium des Reformwerks, des Werks seit *Orfeo,* formuliert. Dieses Reformwerk ist aber auch dadurch gekennzeichnet, daß es zum Ort der endgültigen Formulierung einer zuvor – auch mehrmals – verwendeten Arie wurde. Einmal dort angelangt, wurde die betreffende Melodie dann in Ruhe gelassen und nicht mehr angetastet. Mit anderen Worten: an den Wandlungen der *Ezio*-Melodie ist in nuce die Entwicklung zum endlichen «originalen» Kunstwerk, zur musikalischen Charaktergestalt zu beobachten. Musik, einmal als «originale» begriffen, beginnt sich zu emanzipieren. Die Musikgeschichte verfolgt zur gleichen Zeit den nämlichen Prozeß in nicht-vokaler Musik, in den Gattungen der Instrumentalmusik: dem Solokonzert und der Symphonie. Dieser Prozeß sollte dann in der Symphonie Beethovens kulminieren.

Gluck bearbeitete seinen *Ezio* dreizehn Jahre später, schuf eine zweite Version für die Karnevals-Saison in Wien 1763. Diesmal aber war er wegen des überragendes Erfolgs, der enormen Popularität des *Orfeo* von 1762 gezwungen, die ursprüngliche *Ezio*-Melodie mit den neuen *Orfeo*-Worten *Che puro ciel* auszulassen. Diese Melodie war nun anders «besetzt», und der Sänger der ersten *Ezio*-Version mußte eine neukomponierte Arie erhalten. Neben der Bekanntheit des *Orfeo* verlangte dies auch dessen künstlerischer Anspruch, der ein «Ausleihen», ein Hergeben der Musik, die nun «seine» war, unmöglich machte. Dazu trat die Absicht seines Schöpfers, dieses Werk als erste seiner Opern vollständig drucken zu lassen. Der Druck vollständiger Partituren war zu jener Zeit in Wien unüblich. Gluck ließ den *Orfeo* 1764 in Paris stechen. Die Vervielfältigung des Werks vergrößerte wiederum den Bekanntheitsgrad der Musik, und jede Zweitverwendung wäre als Kopie und unkünstlerische Wiederholung verdächtig gewesen. Es läßt sich demnach in Benjaminscher Umkehrung und Paraphrase schließen, daß erst die «technische Reproduzierbarkeit»[21] die Formulierung und Behauptung des Einmaligen, die Einmaligkeit eines Musikwerks, ermöglicht.

Die Parodie-Problematik muß noch weiterverfolgt werden. Die ursprünglichen Worte *Se povero il ruscello* aus dem *Ezio* waren, nachdem ihre Musik im *Orfeo* mit anderem Gehalt und Anspruch gleichsam besetzt wurde, nun «frei», wieder ohne Musik. Es ist kennzeichnend für das künstlerische Bewußtsein Glucks, daß er davon Abstand nahm, sie in der zweiten Version des *Ezio* erneut zu vertonen. Er mag geahnt haben, kaum an den Rang der einmal gefundenen Melodie anschließen zu können. Also erhielt der Sänger des Jahres 1763, der einer Arie verlustig gegangen wäre, eine neue. Auf Worte, die im ersten *Ezio* von 1750 nicht vertont worden waren, also noch «unbelastet» erschienen. Gluck verfuhr wie alle komponierenden Zeitgenossen: er betrachtete ein Metastasio-

35

Libretto als eine Art Katalog, aus dem sich nach Wunsch zu bedienen wäre. Die noch nicht vertonten Worte *Il nocchier che si figura* befand er aber keineswegs einer genuinen Neukomposition für würdig. Gluck nahm Altes: er parodierte. Aus einem kurz vor dem zweiten *Ezio* entstandenen Werk, dem sieben Monate zuvor, im Mai 1763 herausgekommenen *Trionfo di Clelia*, entlieh er die benötigte Melodie. Das Vorgehen ist voller Kalkül: in Wien konnte noch niemand die neue Melodie kennen – da der *Trionfo* für Bologna komponiert worden war.

Es wird noch etwas komplizierter: beide *Ezio*-Fassungen, die von 1750 und die von 1763, enthalten jeweils eine Arie des «confidente» Varus: *Nasce al bosco*. Die frühe Fassung indes hatte ihrerseits auf noch Früheres zurückgegriffen, auf die Kopenhagener *Contesa de' numi* von 1749. Diese also schon 1750 parodierte *Ezio*-Arie wurde 1763 durch eine andere Melodie ersetzt; auch durch eine Parodie, die allerdings etwas später geschrieben wurde als ihre Vorgängerin. Es schien Gluck offenbar unangebracht, eine Parodie durch zwei Werke zu schleppen. Die neue Parodie im *Ezio* von 1763 stammt aber pikanterweise aus dem alten *Ezio* von 1750; sie wurde dort der Arie *Qual fingere affetto* entnommen. Diese Melodie nun wurde 1763 zu *Nasce al bosco*. Was aber nach sich zog, daß *Qual fingere affetto* eine neue Melodie brauchte und – tatsächlich neu vertont wurde. Klaus Hortschansky hat diese verblüffende Planmäßigkeit des Gluckschen Parodierens sichtbar gemacht.[22]

Wo Gluck während all dieser Jahre gewohnt hat, ist nicht sicher. Die bereits erwähnte Notiz des Jahres 1752 und die Tatsache, daß nach dem *Ezio* vom Dezember 1750 auch die nächste Oper in Prag herauskam, legen den Schluß nahe, der Komponist habe tatsächlich dort residiert. Im Sommer 1750 vielleicht noch nicht: für den 15. September dieses Jahres ist die Heirat Glucks in der Wiener Ulrichskirche bezeugt. Maria Anna Bergin, die achtzehnjährige Tochter des verstorbenen «bürgerlichen Handelsmannes» Joseph Bergin und der Maria Theresia, geborenen Chini[23], wird die Frau des Sechsunddreißigjährigen. Durch die gesamte Gluck-Biographik zieht sich der Hinweis, daß diese Heirat mit einer wohlhabenden Wiener Bürgerstochter Gluck wirtschaftlich unabhängig machte – ihr in die Ehe eingebrachtes Vermögen betrug das Doppelte dessen, was Gluck Jahrzehnte später als Hofkomponist erhalten sollte; Gluck habe von diesem Zeitpunkt an größere Freiheit in der Annahme von «scritture», von Kompositionsaufträgen gehabt. Tatsächlich aber ist eine Änderung in Glucks Verhalten als Komponist von diesem Datum an nicht festzustellen. Persönliche Vorteile durch Glucks älteste Schwägerin, die eine Zeitlang zum Kreis der Hofdamen um Maria Theresia gehörte, können jedoch in Erwägung gezogen werden. Die Ehe der Glucks blieb kinderlos; an Kindes Statt nahmen sie die Tochter der jüngsten Gluck-Schwester nach deren Tod zu sich.

Der Heiratskontrakt vom 7. September trägt neben den Unterschriften der «Maria Anna Bergin alß braüth, Christopf Gluck als braütigam» unter anderem die des «Joseph Salliet alß gerichtlich verordneter gerhab», als Vormund. Gluck selbst wird in einem beigefügten Bericht ausgewiesen als «famoser musiccompositeur», als «ein in gutten ruff stehender virtuos, auch gutter oeconomus, und von guter auffführung»[24] beurteilt.

Das Textbuch der nächsten Oper, *Issipile*, von der lediglich vier Arien erhalten sind und die in der Karnevals-Saison 1752 in Prag von Locatellis Truppe uraufgeführt wurde, bestätigt eine neue Anstellung des Komponisten. Die Musik des jüngsten Werks sei eine «sinnreiche neue Erfindung des Herrn Kapellmeisters Christoph Gluck»[25]. Die Äußerung über den «berühmten Gluck aus dem böhmischen Prag» stammte von dem Mann, der den Komponisten dann zu seiner nächsten Premiere nach Neapel

Gluck und Frau Maria Anna, geb. Bergin.
Gemälde, vermutlich von Johann Georg Weikert

Teatro San Carlo, Neapel

holte. Don Diego Tufarelli, der Impresario des legendären Teatro San Carlo in Neapel, hatte sich des deutschen Komponisten versichert. Er hatte eine hohe Meinung von ihm. Über die Maßen gelehrt in seinem Fach, «oltremodo detto nel suo mastiere», sei Gluck der Mann, von dem man Musik der verschiedensten Stile, bislang nicht gehört, erwarten dürfe, «una musica di stile tutte varie e mai più intese»[26].

Das Libretto, das Gluck gegen einen ursprünglich vorgesehenen «Arsace» durchsetzte, war Metastasios «Clemenza di Tito». Das bedeutete, daß Gluck den dafür eigentlich vorgesehenen Komponisten Jeronimo Abos dieses Auftrags entheben ließ. Der «Titus», das wohl berühmteste Stück des Wiener Hofdichters um ideale Herrschertugenden, sollte in Mozarts Version – die die Vorlage eigenwillig zusammenstrich – für Verärgerung am Kaiserhof sorgen. Denn sie bot nicht die Darstellung des klug handelnden, milden und trotzdem mächtigen Herrschers. Statt dessen führte sie einen keiner Entscheidung sich stellenden, wankenden römischen Imperator vor. An diesem politischen Anspruch darf die Glucksche Version freilich nicht gemessen werden.

Gleichwohl: die Uraufführung seines *Titus* am 4. November 1752 «fece grandissimo rumore», erregte größtes Aufsehen.[27] Die von Tufarelli zitierte Vielseitigkeit Glucks war es in der Tat, die ihm den in seiner Karriere so oft zu beobachtenden völligen Neuanfang ermöglichen sollte. Und nie gehört, «mai più intesa» war, offenbar im wahren Wortsinn, zumindest eine Arie des «primo uomo» Sextus: *Se mai senti spirarti*. Durch die Biographik zieht sich die Fama, daß die schneidende Dissonanz, die sich an einer Stelle der Arie aus lang gehaltenem, über dem Orchester liegenden Sopranton und harmonisch-melodischem Abstieg des Orchesters ergibt, für Verwirrung und Unmut bei anderen Musikern sorgte. Francesco Durante, als Schlichter und Autorität angerufen, habe bekennen müssen, daß herkömmliche Kriterien versagten: «Ich will nicht entscheiden, ob diese Note korrekt ist oder nicht. Ich kann nur sagen: wenn ich sie geschrieben hätte, würde ich mich für einen großen Mann halten.»[28]

Diese Arie sollte an prominenter Stelle im Spätwerk wiederkehren; der Ruf des Unerhörten, der sich seit dem *Titus* daran knüpfte, drang bald auch nach Wien.

Im Bannkreis des Wiener Hofes

Gluck war nun, wie die sporadischen Zeugnisse belegen, die eine fortlaufend dokumentierte Rezeption bislang noch zu vertreten haben, ein im musikalischen Europa berühmter Mann. Wien wurde sein Domizil, das er nicht mehr aufgeben sollte. Er ging Bindungen im Umkreis des Wiener Hofes ein, die er schon länger erstrebt haben mochte, wie die ungewohnt sorgfältig gearbeitete *Semiramide riconosciuta* des Jahres 1748 vielleicht zeigt.

In den engsten Kreis des Hofes einzudringen war ihm weniger durch bereits amtierende Stelleninhaber verwehrt als vielmehr durch eine grundsätzliche Entscheidung des Hofes. «Ich bekenne, daß ich für das

Theater den geringsten Italiener all unseren eigenen Komponisten vorziehe, das gilt für Gaßmann wie für Salieri und Gluck»[29], war Maria Theresias Bekenntnis, das sich nicht grundsätzlich ändern sollte. Die indes von Diego Tufarelli bezeugte Gelehrtheit Glucks, vor allem dessen Fähigkeit, «una musica di stile tutte varie», Musik aller Stilarten zu schreiben, sollte sich für die nächsten Jahre als unverzichtbar für Glucks Fortkommen erweisen. Denn es fällt auf, daß die nun folgenden Werke zum Teil einen Melodienreichtum aufweisen, der in seiner Eleganz und Großzügigkeit, seinem Raffinement und zuweilen auch seinem Luxus sich einerseits an bester italienischer Tradition orientierte und sicherlich zum anderen auch an Händel geschult war. Gluck mag, wohl wissend um die Präferenzen am Wiener Hof, also bewußt sich reicher «italienischer» Melodik und Sanglichkeit bedient und damit dem Geschmack des Hofes sich angepaßt haben. Sein Reformwerk sollte großenteils ohne derartige «italianità» auskommen.

Mit dem neuen Wirkungskreis tauchen zugleich einige der raren Zeugnisse über Gluck auf. Karl Ditters von Dittersdorf berichtete in seiner «Lebensbeschreibung», wie er als Knabe am Hof des Kaiserlichen Feldmarschalls Prinz Joseph Friedrich von Sachsen-Hildburghausen Erziehung und Ausbildung zum Musiker erhielt. Prinz Joseph war einer der

Wien, gesehen vom Belvedere. Gemälde von Canaletto

bekanntesten Mäzene Wiens, sein Orchester galt als eines der besten der Stadt. Er war über Gluck unterrichtet, kannte auch die Arie *Se mai senti spirarti* aus der letzten italienischen Oper des Komponisten, «durch welche Gluck in ganz Italien so viele Sensation erregte... Eine ganz natürliche Folge davon war es, daß der Prinz den Gluck von Person zu kennen begierig ward.»[30] Gluck nahm dann in der Hofkapelle offenbar die Stelle des Konzertmeisters ein; den offiziellen Titel des Fürstlichen Hofkapellmeisters trug Giuseppe Bonno.

Im Herbst des Jahres 1753 begannen die ersten Vorbereitungen für ein mehrtägiges Fest im folgenden Jahr auf der Besitzung Schloßhof, dem prinzlichen Sommerschloß. Kaiserin Maria Theresia und Kaiser Franz I. wollten diese Besitzung besuchen. Maria Theresia plante, Schloßhof zu kaufen und ihrem Mann zum Geschenk zu machen. Diesem Anlaß entsprechend war die Ausstattung des Festes. Auch ein neues Werk Glucks war geplant. Am 24. September des Jahres 1754 erlebten *Le Cinesi*, eine «azione teatrale», eher eine Kammeroper also, ihre Premiere. In der ersten Vertonung dieses Metastasio-Librettos, 1735 durch Antonio Caldara, eigens für die Mitglieder der kaiserlichen Familie geschrieben, hatte Maria Theresia selbst eine der Partien übernommen. Und diese Partie, die der Lisinga, ist auch in Glucks Vertonung die interessanteste, absichtsvoll,

Schloß Schloßhof. Radierung von Ludwig Fischer

Karl Ditters von Dittersdorf

mit Blick auf die jetzt kaiserliche erste Interpretin. Das Stück ist eine jener damals modischen Chinoiserien, die allerdings von der einstigen Bewunderung des Reiches der Mitte längst abgekommen waren. Eine erdachte chinesische Hofgesellschaft, drei Prinzessinnen und ein Prinz, werden präsentiert. Sie räsonnieren über europäische Operngattungen und führen entsprechende, erdachte Szenen verschiedener Genres auf.

Schon hier fängt zaghaft an, was Gluck später ausbauen sollte: Reflektieren über die Macht der Musik. *Orfeo* wie auch *Paride ed Elena*, zwei der ersten Reformopern, bauen dieses dramaturgisch-musikalische Element aus. Sie handeln von der Begrenztheit und Möglichkeit der Sprache, verweisen auf Musik – die Sprache des Herzens – als der mächtigeren. Schon hier aber, in den *Cinesi*, stimmt der Eindringling Silango betörende Töne an und nutzt die Gelegenheit, um als Mitakteur bei einer der Szenen zugleich seine Liebesklage vortragen zu können. Zwei Ebenen, Dramaturgie und Anspruch des Künstlers, werden verquickt.

Der Anspruch Glucks aber war trotz des bescheidenen Genres kein geringer. Die erwähnte besondere Ausstattung der einstigen Rolle Maria Theresias, die die Prinzessin Lisinga sang, ging über den Anlaß wohl hinaus. Die Wandlung des Ausdrucks in Lisingas erdachter Andromachae-Arie, von erregter Dramatik des tremolierenden Streicher-Accompagnato bis zu melodischer Zärtlichkeit, bei deutlicher Klarheit der Melodieführung, verweist bereits auf das Reformwerk. Wendungen wie

aus dieser Arie könnten mit ihrer Direktheit, dem Verzicht auf Koloraturen, mit ihrer Schnörkellosigkeit in der Tat dem *Orfeo* entstammen. Der Erfolg war immens, wie Dittersdorf berichtet. Und er zahlte sich für Gluck mehrfach aus. Der Komponist hatte sich die Mühe einer vollständigen Neukomposition gemacht. Zudem hätte eine Parodie ohnehin nur schwerlich verwendet werden können, da Gluck mit dieser «azione teatrale», einem eher pastoralen Genre, künstlerisches Neuland betrat, eine adäquate Musiksprache sich erst schaffen mußte. Die *Cinesi* sind vielleicht so etwas wie ein erster Wendepunkt in Glucks Karriere. Allen Beteiligten war die Wichtigkeit des Anlasses offenbar klar. Metastasio war mit seinem – um die Figur des Prinzen erweiterten – Libretto so zufrieden, daß er es Ranieri da Calzabigi nach Paris schickte, der dort eine Gesamtausgabe seiner Werke veranstaltete. Also ausgerechnet jenem Mann, einem Freigeist und Abenteurer – nicht unähnlich seinen Zeitgenossen

Casanova und dem Mozart-Librettisten Lorenzo da Ponte –, der acht Jahre später, 1762, ihn im Verein mit Gluck stürzen sollte. Denn Calzabigi war der Verfasser der Libretti von *Orfeo* und seinen beiden Nachfolgewerken *Alceste* und *Paride ed Elena*.

Wichtigster Erfolg für Gluck war, daß der nun folgende Auftrag direkt aus dem Kaiserhaus kam. Nicht der Geschmack indes hatte sich dort geändert, sondern die Außenpolitik. Graf Wenzel Anton von Kaunitz-Rietberg, 1752 zum Hof- und Staatskanzler berufen, hatte, in der Ahnung, daß nach dem Aachener Friedensschluß von 1748 Preußen zum Hauptgegner Österreichs avancieren würde, die außenpolitische Annäherung an Frankreich gesucht. Das zog zugleich Änderungen auf dem Gebiet der «Kulturpolitik» nach sich. Das Wiener Theaterleben wurde auf Paris eingestimmt. Auch hier war Kaunitz initiativ: schon 1750 hatte er ein «Mémoire sur l'entreprise des spectacles dans la ville de Vienne»[31], ein Memorandum über die Wiener Theater geschrieben und den Blick nach Frankreich gelenkt. Um so leichter ließ sich seine Idee eines französischen Theaters in die Tat umsetzen, als 1752 die alte, das Theater leitende «Cavaliers-Sozietät» unter dem Vorsitz des Barons Rocco Lopresti Konkurs gemacht hatte. Kaunitz hatte die Theaterleitung neu bestimmt. Ein Zeitzeugnis sind die Tagebücher des Obersthofmeisters Graf Johann Joseph Khevenhüller-Metsch, die für 1753 eine neue Impresa ausweisen: die neue «Comission» werde von «denen Graffen Frantz Esterhazy... und Conte Durazzo dirigieret»[32]. Und im Mai 1754 gilt bereits, daß «die Direction deren Spectacles (seitdeme Graff Frantz Esterhazy nichts mehr damit zu thun haben wollen) der alleinigen Direction des Conte Durazzo übergeben worden ware»[33].

Graf Giacomo Durazzo aber sollte sowohl zu einer der wichtigsten Personen im Leben Glucks als auch in der europäischen Musikgeschichte werden. Denn er war die treibende Kraft, derjenige, der die Reformer um sich scharte und die Neuformulierung mehrerer künstlerischer Gattungen betrieb. Um drei Jahre jünger als Gluck war er 1749 als Gesandter seines Heimatstaats Genua nach Wien gekommen. Er hatte selbst literarische Versuche auf dem Gebiet der Opernlibrettistik unternommen, als er den Text von Philippe Quinaults «Armide», die von Jean-Baptiste Lully vertont worden war, nach italienischem Geschmack bearbeitete. Durazzo war zehn Jahre lang, bis er in Ungnade fiel, Haupt des Wiener Theaterlebens. Seine Anwesenheit, seine «Impresa» lassen sich bis ins Detail am Gluckschen Werk verfolgen.

Die Frankophilie Kaunitz' hatte diesen den Franzosen Jean-Louis Hébert als Theaterdirektor engagieren und französisches Theater in Wien machen lassen. Unter den aus Paris importierten Stücken waren auch «opéras comiques». Diese französische Spielart der komischen Oper bedurfte einer musikalischen Bearbeitung, da die musikalischen Einlagen, die anspruchs- und kunstlosen «vaudevilles», aus dem Extemporieren,

Georg Reutter d. J.

dem Stegreif-Vortrag, entstanden. Diese relativ untergeordnete Tätigkeit, das Aussetzen sing- und spielbarer Fassungen der französischen Couplets, war zunächst die Aufgabe Glucks. Dafür hatte Durazzo ihn unter einem besonderen Titel engagiert: zur «Komponierung der Theatral- und Akademie-Musik». Und von hier aus eroberte Gluck sich ein neues künstlerisches Genre, das ihm zur wichtigen Vorstufe, zum Erfahrungsfeld seiner späteren Reform werden sollte. Was er möglicherweise lange schon erstrebt haben mochte, jetzt war es eingetreten: ein festes Engagement am Hof.

Aber noch war Metastasio Hofdichter, Giuseppe Bonno Hofkomponist, Georg von Reutter d. J. Hofkapellmeister und Hasse ohnehin mit engsten Verbindungen zum Hof. Gluck also hatte ein recht begrenztes Betätigungsfeld, das zu umreißen jedoch schwerfällt. Kompetenzen überschnitten sich, die «allerhöchsten» Schiedsspruch nach sich zogen. Gluck, musikalisch gewiß nicht nach Maria Theresias Geschmack, war auf Durazzos Protektion angewiesen. So mochte der nächste Auftrag sich der Mühe Durazzos verdanken. Dem Vorbild der *Cinesi* verpflichtet, schrieb Gluck für den Geburtstag des späteren Kaisers, des Erzherzogs Leopold, ein «componimento pastorale», das in Schloß Laxenburg am 5. Mai 1755 Premiere hatte: *La Danza*. Der Wichtigkeit des Auftrags eingedenk – des ersten aus dem Kaiserhaus für dessen «Theatralmusik-Compositeur» – komponierte Gluck das kleine Werk vollständig neu. Und fand in diesem heroisch-pastoralen «componimento» zu inniger, ausdrucksvoller Kantabilität der ausgedehnten da capo-Arien wie selten in seinem Œuvre. Sämtliche vier Arien dieses rokokohaften Gelegenheitswerks, dessen Qualität weit über den Anlaß hinausgeht, übernahm Gluck in sein opus summum *Écho et Narcisse*.

Durazzos Einfluß war es, der die Kompetenzen des amtierenden Hofkapellmeisters Reutter beschnitt. Durazzo und Gluck hatten allmählich dessen Entmachtung erwirkt. Den Sängern sei Reutter als Dirigent und Probenleiter oft zu beschwerlich gewesen, so argumentierte Durazzo.

Graf Giacomo Durazzo

Deshalb habe er Gluck engagiert, der das in städtischer Verwaltung stehende Akademie-Orchester dirigierte. Gluck übernahm in der Folge einige der früher Reutter zugestandenen Konzerte, dirigierte auch dann, wenn es ihm eigentlich nicht zustand. Das Oberhofmeisteramt zögerte zunächst, Reutters Aufgabenfeld zu beschneiden und ihn von den «Cammer- und Tafelmusiken» zu entbinden. Wenn aber «Glucksche Sachen» aufzuführen seien, weil die Majestäten das vorzögen, hätte Reutter seine Musiker für die Proben unter Durazzo und Gluck zur Verfügung zu stellen. Diese Demütigung Reutters wurde bald vollständig: Maria Theresia überließ Reutter einzig noch die Kirchenmusik; er solle «weder mit der übrigen Hofmusik noch mit den Hofballs beschäftigt werden»[34].

Die künstlerische Entmachtung von bislang Anerkanntem erhielt fortan die Aura des Planmäßigen. Metastasio, die europäische Musik-Größe, war das nächste Opfer. Gleichsam unter seinen Augen demonstrierten Gluck und Durazzo den zur Formel erstarrten inneren Ablauf, die Dramaturgie seiner Stücke. Sie bewiesen die innere Zusammenhanglosigkeit der Dramen dadurch, daß sie aus mehreren Werken des gleichen Genres ein neues Libretto verfertigten. Durazzo schrieb die verbindenden Rezitativ-Texte, die die zusammengesammelten Arien verbanden. Unter den Augen Metastasios war die Aushöhlung, obgleich in ganz Europa Sitte, ein Affront. *L'Innocenza giustificata* hieß dieses Werk, das ausgerechnet zum Geburtstag des Kaisers komponiert und am 8. Dezember 1755 aufgeführt wurde. «Der Kaiser und die junge Herrschafften kammen abends in das Hof-Théâtre, allwo eine kleine Opera... zum ersten Mahl nebst zwei neuen Balleten, aber nicht gratis, repraesentiret wurde»[35], lautet die lapidare Eintragung im Khevenhüller-Tagebuch. Der Obersthofmeister verschweigt geflissentlich den Namen des Komponisten, der womöglich noch nicht hoffähig war.

Zum erstenmal aber scheint aufzufallen – und das ist entscheidend für Glucks weitere künstlerische Laufbahn wie für die Musikgeschichte –, daß hier hemmungslos zusammengeborgt wurde. Vom anderen Ende Europas – auch das ist bemerkenswert –, aus dem Lütticher «Journal encyclopédique» vom 15. Januar 1756 stammt die Feststellung: «Der Autor hatte keine Bedenken, ausgezeichnete Arien von Metastasio zu entleihen, die in seinem Sujet ganz natürlich ihren neuen Platz fanden; mit gutem Gewissen unterrichtet er das Publikum davon» [Durazzo verfaßte zusätzlich ein Vorwort], «obgleich er sich selbst nicht nennen wollte, was übrigens umso lobenswerter und seltener ist, als sein Stück ausgezeichnete Erfolge hatte.»[36] Bislang gleichsam offiziöses Verfahren mit Metastasio-Libretti ist jetzt Gegenstand des Aufmerkens. Dahinter verbirgt sich notwendig die Ahnung, es könne auch anders, ein solches Verfahren könne illegitim sein; und mehr noch: die Möglichkeit der Ablösung einer Dramaturgie scheint durch, die derartige Durchlässigkeit und Zusammenhanglosigkeit an den Tag legt.

Daß derselbe Kritiker Gluck als «habile Compositeur», als gewandten Komponisten bezeichnet, verweist erneut auf eine Eigenschaft Glucks, die ihn in etlichen Operngenres sich ausdrücken ließ, ihm vor allem die zu verzeichnenden mehrmaligen künstlerischen Neuanfänge ermöglichte. Der «habile Compositeur» fand auch hier, in der *Innocenza giustificata*, oft schon zu einer Musiksprache, die unmittelbar derjenigen beispielsweise des *Orfeo* parallel zu setzen ist. Die G-Dur-Ariette *Ah rivolgi* Claudias, die sich im Stück einem Gottesurteil unterwirft, um ihre Unschuld am Zorn der Götter auf Rom zu beweisen, ist in ihrer Schlichtheit der zarten Pizzicato-Begleitung der Streicher und besonders dem liedmäßigen Duktus der Melodie kennzeichnend für Glucks reifen Stil. Wahrhaft unerhört war auch die Klarheit und Schönheit von Claudias Es-Dur-Cavatine *Fiamma ignota*. Mit ihrer wiegenden Begleitung der tiefen Streicher, den zart treibenden Triolen der gedämpften Geigen, der klaren dreiklangbrechenden Vokalinie muß sie die Zeitgenossen betört und verwirrt haben. Vielleicht wird an dieser Stelle klar, worauf sich der frühe Ruf Glucks gründete; diese letzte Arienmelodie schrieb Gluck schon 1743, für den *Tigrane*.

Die *Innocenza giustificata* ist kein abendfüllendes Stück. Zwei Ballette folgten ihr am Abend der Uraufführung. Die *Gerechtfertigte Unschuld* rangiert denn auch als «festa teatrale», eine Gattungsunterscheidung mit Konsequenzen für Gluck. Diese Gattung hatte unter anderem ein «lieto fine», den guten Ausgang des Stücks also. Es sollte ferner nicht zu lang sein, sodann relativ wenig Sänger, dazu noch «coro e ballo»[37] vorsehen. Daß Gluck aber in dieser Gattung schrieb, war gleichsam die einzige Möglichkeit, in Wien eigenes Musiktheater zu veranstalten. Offizielle Hofopern zu schreiben hätte zur Kollision mit den dafür besoldeten Hofkomponisten geführt. Zudem rangierte Hasse immer noch vor Gluck, zumindest bei Maria Theresia. Die *Innocenza giustificata* ist tatsächlich so etwas wie ein Ausweg aus dem durch Institutionszwang und Subventionskürzung – wegen der Kriegskosten gegen Preußen – bewirkten Dilemma, nichts Abendfüllendes, keine vollgültige Oper in Wien schreiben zu können. Formal ist sie, wie erwähnt, eine «festa teatrale», dem Inhalt nach aber gleicht sie sich einer «seria» an, der tragischen italienischen großen Oper. Und auch hier, in dieser Divergenz von Form und Inhalt, ist diese Oper unmittelbar mit dem *Orfeo* in Parallele zu setzen wie auch in der Auflösung musikalischer Formen. Die Uneinheitlichkeit indes ihrer Vertonung, die auf Koloraturarien nicht verzichtet, verdankt sich dem Zwittercharakter des zusammengesetzten Librettos.

Daß sich aber äußere Form, Gattungszugehörigkeit und Gehalt, künstlerischer Anspruch nicht decken, ist bei Gluck mehrfach zu beobachten. Es erklärt sich zum guten Teil aus Institutionszwängen, die als Entstehungsbedingungen wohl nicht unterschätzt werden dürfen und denen sich Gluck sorgsam anschmiegte, um überhaupt schreiben zu können. Die Divergenz von Form und Gehalt ist wohl auch Ausdruck des Wunschs nach Veränderung. Sie bewirkt aber zugleich eine Verwirrung, die bis heute auf Glucks Spätwerk zurückschlägt und einer Wiederbelebung durchaus hinderlich ist.

Institutionszwänge waren es infolgedessen, die ihn aus Wien hinaustrieben. Es bereitet der Gluck-Biographik zuweilen Schwierigkeiten, die immer wieder zu konstatierenden sogenannten ästhetischen Rückfälle erklären zu müssen. Was besagen will, daß Gluck nach Werken wie der *Innocenza giustificata*, sogar noch nach dem *Orfeo* mehrmals zu Metastasio und der typischen «opera seria» zurückkehrte. Genau das trifft beim nächsten Werk zu. Der Auftrag dazu war aber, wie vermutet werden darf, für Gluck eine ersehnte Möglichkeit, nach vier Jahren der Abstinenz wieder einen abendfüllenden Dreiakter herausbringen zu können. Wohlgemerkt: nicht in Wien – sondern im römischen Teatro Torre Argentina hatte am 9. Februar 1756 der *Antigono* Premiere.

Schon seit längerem mußte diese Premiere vorbereitet worden sein. Die Komposition muß sich mit der ihrer Vorgängerin überschnitten haben, bald 40 Prozent der Musik sind daher aus früheren Opern übernommen. Der *Antigono* reiht sich aber in die Werke der letzten Jahre nahtlos ein, so daß von einem Rückfall nicht gesprochen werden kann. Metastasio-Texte hatte Gluck seit 1748 ohnehin als einzige vertont. Musikalisch reicht der Rahmen im *Antigono*, wie schon länger, von der Übernahme kompletter älterer Arien bis zu Neukompositionen, die dann in das Spätwerk übernommen werden konnten, in die *Alceste*, die *Armide* und die *Taurische Iphigenie*. Möglicherweise über die Vermittlung des Prinzen von Sachsen-Hildburghausen wurde Gluck in Rom von Kardinal Alessandro Albani aufgenommen. Dieser Geistliche war Gesandter Österreichs beim Vatikan. Der Kunstgeschichte ist er als einer der führenden Mäzene des 18. Jahrhunderts bekannt; er war der Förderer Johann Joachim Winckelmanns. Und vielleicht war es die Nähe zum Heiligen Stuhl, die Gluck veranlaßte, alle Rollen im *Antigono*, auch die weiblicher Figuren, von Männern und Kastraten ausführen zu lassen. Wie Dittersdorf bezeugt, hatte Gluck nicht geringen Erfolg: «Um diese Zeit ward Gluck nach Rom verschrieben, wo er vielen Beifall erwarb und Cavaliere dello Sperone d'oro wurde.»[38]

Damit war Gluck in den Orden der «Ritter vom Goldenen Sporn» aufgenommen, eine Ehrung, die auch dem vierzehnjährigen Mozart widerfuhr. Mozart allerdings machte keinen Gebrauch von dem damit verbundenen Rittertitel, im Gegensatz zu Gluck, der ihn fortan führte, was ihm am Wiener Hof zum Vorteil gereichte. Damals, in Rom, wurde Gluck auch Mitglied einer literarischen Künstlervereinigung, der «Academia dell'Arcadia»; sie war einst von Metastasios Ziehvater Gravina mitbegründet worden. Glucks Arkadier-Name war «Armonide Terpsicoreo».

Hatte die römische Auszeichnung ihre Wirkung gezeitigt? Seit der *Semiramide riconosciuta* des Jahres 1748, seit acht Jahren also hatte Gluck im Großen Haus, im «Theater nächst der Burg», keine abendfüllende Oper mehr herausbringen können. Jetzt, nach langer Zeit, schreibt Gluck erstmalig wieder in Wien ein dreiaktiges «dramma per musica». Der Text, den auch Mozart später vertonen sollte, stammte von Metastasio: *Il re pastore*. Es war wieder ein typisches Produkt des Hofdichters um einen milden und tugendhaften Herrscher. Und diesmal ist gleichsam offizielle Reaktion zu spüren, wenn die Stimme Khevenhüllers als die des Hofes gelten kann. Er berichtet, daß der «seithero von dem Pabste zum Cavaliere dello sperone d'oro creierte Signor Gluck die Music componieret»[39] habe.

Gluck hatte indessen einen mächtigen Fürsprecher. Es ist eine Ironie der Musikgeschichte, daß ausgerechnet Metastasio sich für Gluck stark machte. Die erste Vertonung des «Re pastore» von Bonno, dem Hofkomponisten, hatte bei Metastasio den Wunsch entstehen lassen, das Werk anderen Orts, in Madrid, neu aufführen zu lassen. An Farinelli, bürgerlich Carlo Broschi, einen der besten Kastraten seiner Zeit, hatte er geschrieben, er möge die Madrider Verhältnisse prüfen und sehen, ob das

Werk dort zu geben sei. Wohl dachte er wieder an eine Komposition durch Bonno. Aber: «Ich weiß noch zwei andere, deutsche, Musikmeister, der eine ist Gluck, der andere Wagenseil. Der erste hat herrliches, aber verrücktes Feuer, der zweite ist ein sehr fähiger Cembalist.»[40] Das aber hieß nichts anderes, als daß Metastasio den Komponisten, dessen Musik er ehedem als «erzvandalisch-unerträglich» bezeichnet hatte, jetzt anerkannte. Zu bemerken bleibt, daß Gluck, in gewissem Gegensatz zu früherem Vorgehen, sich diesmal nicht zur vollständigen Neuvertonung bereitfinden konnte. Immerhin schrieb er an prominentem Ort zu prominenter Gelegenheit – zum Geburtstag des Kaisers –, dazu gleichsam noch als Herausforderung Bonnos. Der Schluß scheint erlaubt, daß er sich künstlerisch sicher fühlte, um seinen Rang wußte. Später, im französischen Spätwerk, sollte er noch ein weiteres Mal den unmittelbaren Vergleich mit einer früheren, wichtigen Vertonung suchen, die allerdings an Rang und Anspruch ungleich höher rangiert. Auch im französischen Spätwerk ist das Moment des Sich-sicher-Fühlens zu beobachten. Die Wiener Reformopern formulierten ihr Genre neu, also ohne Parodien. Die für Paris geschriebenen Opern können es sich dann leisten, als bewährte Gattung ältere Musik aufzunehmen und sie damit zu retten. Und wie aus dem *Antigono* übernahm Gluck auch aus dem *Re pastore* Melodien in spätere Werke der Reifezeit. Unzweifelhaft aber hat sich Gluck dem italienischen «gusto» der Kaiserin angepaßt, wie die folgende Wendung

aus der Arie der Elisa *Alla selva* belegt. Das Verhalten muß als taktisch gelten. Denn Gluck war seit Mitte April des Jahres 1756 zum «Direktor der Musik» avanciert, wie die Rechnungsbücher ausweisen. Es war erneut ein Rang, dessen Kompetenzen nicht eindeutig definiert waren, der mit Sicherheit auf den Einfluß Durazzos zurückging. Glucks Eingehen auf den Geschmack des Kaiserhofes wurde ihm gelohnt: Metastasio schrieb an Farinelli über den Abend: «... die Musik ist von Gluck... dem seine Lebhaftigkeit, das Aufsehen und die Extravaganz in mehr als einem europäischen Theater Verdienste eingebracht haben, was ich gut nachfühlen kann; und nicht der geringste Teil der Lebenden denkt so.»[41]

Gluck mochte diesen Auftrag um so lieber angenommen haben, als er vielleicht ahnte, daß so schnell sich eine derartige Gelegenheit nicht wieder bieten würde. Die außenpolitischen Spannungen, der Krieg mit Preußen, aber auch die vollständig andere, die französische Ausrichtung des Theaters unter der Leitung von Durazzo lenkten nun die Entwicklung in andere Bahnen.

Experimente: die Komische Oper

Nach dem *Re pastore* hüllt sich der Erfolggewohnte in Schweigen. Fast zwei Jahre vergehen, eher er wieder an die Öffentlichkeit tritt. Anspruch und Ausmaß dessen, was Gluck dann veröffentlicht, erlauben, eine weitere künstlerische Krise zu diagnostizieren. Er gibt sich mit der Rolle des Bearbeiters zufrieden. Länger schon hatte er die aus Paris nach Wien geschickten «opéras comiques» musikalisch eingerichtet, sie für Wiener Verhältnisse sing- und spielbar gemacht. Dazu zählten: «Les Amours champêtres», «Le Chinois poli en France», «Le Déguisement pastoral».

Dieser bloßen Einrichtung folgt der, wie es scheint, zaghafte Versuch, als Komponist in die Struktur der Stücke einzugreifen. Der Glucksche Anteil an den ehemaligen Pariser Vorstadtopern beginnt nun zu wachsen. Immer noch aber ist von einem größer nicht vorstellbaren Gegensatz zur bisherigen Laufbahn, die ihm europäischen Ruf einbrachte, zu sprechen. Denn Glucks Tätigkeit beschränkt sich darauf, zunächst einen kleinen, nach Jahren sich erhöhenden Anteil der französischen Originalmelodien, der «timbres», durch eigene Kompositionen zu ersetzen. In Frankreich passiert in dieser Zeit Vergleichbares. Komponisten wie Duni, Philidor und Monsigny gehen ebenfalls daran, die Gattung aufzuwerten, indem sie sie bearbeiten. Die französischen Komponisten und Gluck wissen nicht um ihre gleichzeitigen Bestrebungen. Die Gluckschen Arbeiten auf diesem Gebiet aber sind stilistisch, kompositionstechnisch und inhaltlich zumeist derart weit von seinem bisherigen «seria»-Werk entfernt, daß hinter beiden Gattungen kaum derselbe Komponist vermutet werden kann.

Die Frage, was Gluck an der Aufgabe gereizt hat, scheint unausweichlich. Der nächstliegende Grund wohl: Unmut am bisher verfolgten Weg. Musikalisches Kennzeichen der «seria» ist zuvorderst die ausladende, dreiteilige da capo-Arie. Kennzeichen aber der folgenden Werke Glucks, der französischen Komischen Opern, sind die kurzen, liedhaften Gesänge von einfachster Konstruktion. Gewiß brachte das Ende des Generalbaßzeitalters – der Kompositionsart Bachs, Händels, Fux', Vivaldis und ihrer Zeitgenossen – zugleich die ersten Versuche, die Statik der repräsentativen Arie der «seria» aufzulösen. Statt der bis dahin üb-

Charles-Simon Favart

lichen Praxis, auf gewissermaßen ehernem Baßfundament die sich reich entfaltende Vokalmelodik aufzubauen, begann auch Gluck hier einen Auflösungsprozeß. Er bescherte – bei gleichwohl festzustellender Durchgängigkeit des Basses – nun den Oberstimmen, der Vokalstimme ebenfalls konstruktive Fähigkeiten, indem er deutliche tonale Zentren mit ihrer Hilfe auskomponiert. Das bedeutete die Loslösung vom alten Fundament, die innere Belebung eines äußeren Schemas. Dahinter steht als Idee die vollständige Auflösung des Alten. Eine vollständige – nur als antithetische zu begreifende – Trennung von der «seria»-Konstruktion aber machte die Einfachheit, um nicht zu sagen, Banalität vieler Kompositionen aus, die Gluck in der Folge für die «opéras comiques» schuf. Den Komponisten, dessen Opernreform untrennbar mit der Textreform verknüpft ist, muß zunächst die Simplizität der importierten Texte bestürzt haben.

Trotzdem: Gluck hat wohl die ungekünstelte Sprache der Protagonisten gereizt, der schnelle Stimmungs- und Szenenwechsel, der von ihm
eine analoge Anpassung der Musik erforderte. So mag er hier die Direktheit seiner musikalischen Sprache, die Fähigkeit, auf engstem Raum den
treffenden Ton zu finden – ohne längere Zeit einem Grundaffekt zu folgen –, gewissermaßen geübt haben. Gluck mochte dem «cri de la nature»
nachgespürt haben, dem Schrei der Natur, den Rousseau zum Postulat
erhoben hatte. Diese Direktheit des Ausdrucks war es, die die französischen Widersacher Glucks dann am Spätwerk empören sollte.

Eine der äußeren Bedingungen für Glucks neue Aufgaben war die direkte Verbindung, die Durazzo nach Paris hergestellt hatte. Der Mann, der
ihn von dort mit dem Neuesten des gewünschten Genres belieferte, war
Charles Simon Favart. Er galt selber als einer der Reformatoren des Pariser Vorstadttheaters, des Théâtre de la Foire, und stand in einem ähnlichen
Verhältnis zur Comédie Française wie Goldoni zu Metastasio. «Ich wün-
sche», schrieb Durazzo an Favart, «daß Sie sich als Associé des Wiener
Theaters verstehen, und interessiert sind, seine Verbesserung und seinen
Unterhalt zu besorgen, indem Sie uns nach und nach mit Stücken... ver-
sorgen.»[42] Was dann von der Wiener Zensur genehmigt wurde, konnte
vertont werden. Die erste «opéra comique» des «Musikdirektors» Gluck
war, mit der Premiere am 8. Januar 1758, *La fausse esclave*. Ihr folgte am
3. Oktober desselben Jahres *L'île de Merlin*. In beiden Stücken überwiegt
kurioserweise der Anteil der vorgefundenen «vaudevilles» den der Gluckschen Neukompositionen um ein Mehrfaches. Gluck ersetzte lediglich die
«timbres», die in Paris sattsam bekannten Gassenhauer. Sie waren in der
ihm vorliegenden importierten Rohfassung nicht notiert, sondern durch
ein Stichwort bezeichnet. Dort, in den vorgesehenen Freiräumen zunächst, begann Gluck. Was er da an Eigenem einsetzte, erreichte nicht
selten ebenfalls bald sprichwörtliche Volkstümlichkeit. Das kuriose Verhältnis besteht in bloßen 13 Gluckschen gegenüber 51 originalen Melodien
in der *Fausse esclave*, und 22 gegenüber 72 in der *Île de Merlin*. Auch die
folgenden Werke, *La Cythère assiégée* vom Frühjahr 1759, *Le diable à
quatre*, am 28. Mai, und *L'arbre enchanté*, am 3. Oktober 1759 herausgekommen, weisen noch einen Überhang an «Vaudevilles» auf.

Erst die folgenden Beiträge zum komischen Genre geben den Gluckschen Neuschöpfungen den Vorrang. Es sind *L'ivrogne corrigé* vom April
1760 und *Le cadi dupé* vom 9. Dezember 1761. Es wäre aber unhistorisch,
wollte man diese Beiträge Glucks zur komischen Oper mit Mozarts «Entführung aus dem Serail» vergleichen. In der Tat läge ein solcher Vergleich
nahe. Denn Mozart kannte genau wie Haydn diese Werke Glucks. Die
«Entführung» greift den Stoff von dessen letzter komischer Oper auf, die
am 7. Januar 1764 herauskam: *La rencontre imprévue*. Dies war die einzige, allerdings Jahre nach dem epochalen *Orfeo* entstanden, die vollständig aus originaler Musik von Gluck besteht. Mozarts danach entstandene

55

Oper um unverhofftes Wiedersehen, angesiedelt im damals populären vermeintlich türkischen Milieu, kann allerdings auf dem Fortschritt aufbauen, den die Operngeschichte seither zu verzeichnen hatte und der vor allem auf dem Gluckschen Reformwerk beruht.

Eine dieser opéras comiques, die *Cythère assiégée*, schätzte Gluck so hoch ein, daß er sie 1775, ohne sonderlichen Erfolg allerdings, in erweiterter Fassung als Ballett-Oper dem Pariser Publikum bot. Der Text endlich der *Cythère assiégée* war von Favart selbst verfaßt worden. Gluck hatte mit der Vertonung all dieser französischen Texte etwas geleistet, was ihm später, in einer der wichtigsten ästhetischen «querelles» der Musikgeschichte zu unendlichem Vorteil gereichen sollte: Vertonung der französischen Sprache. Favart ist entzückt über Glucks Arbeit: «Ich habe die beiden Opern *Cythère assiégée* und *L'île de Merlin* untersucht, habe sie aufführen lassen; nichts habe ich gefunden, was man an Ausdruck, Geschmack und Harmonie noch mehr verlangen könne; das nämliche gilt für die französische Prosodie.» [43]

Was Gluck für dieses Genre komponierte, ist von großer Vielfalt. Kürzeste Stücke von kaum zwanzig Takten finden sich neben ausgedehnten da capo-Arien. Die stilistische Neuartigkeit der Kompositionen für Gluck brachte es mit sich, daß eigentlich sämtliche Musik neu komponiert ist, eine einzige Übernahme aus den *Cinesi* ausgenommen. Das merkwürdige Verhältnis, daß die undramatischen opéras comiques gegenüber dem dramatischen Gesamtwerk Glucks einnehmen, bleibt bestehen. Das Urteil Eduard Hanslicks, des großen Musikkritikers aus dem 19. Jahrhundert, Gluck sei der «feierliche Hohepriester» der musikalischen Tragödie, kennzeichnet die überwiegende und noch heute gültige Rezeption. Gleichwohl waren Glucks komische Opern zu ihrer Zeit offenbar ungewöhnlich erfolgreich. Mozart, dessen «Entführung» der *Rencontre imprévue* folgte, den *Pilgern von Mekka*, hat daraus ein Air – *Les hommes pieusement* – zur Vorlage einer Variationenreihe genommen, die er später anläßlich eines Gluck-Besuchs in einem seiner eigenen Konzerte aufführte. Haydn ließ sich gleich mehrfach von Gluck anregen. So kehrt unter anderem die sogenannte *Tabak-Arie* aus dem *Diable à quattre*, eine Melodie von großer Popularität, die bald zum Gassenhauer wurde, im ersten Satz seiner Symphonie Hob. I,8 «Le Soir» wieder.

Merkwürdig bleibt das Verhältnis der opéras comiques zur Vita Glucks. Es sei nicht vergessen: er war 44 Jahre alt und ein in Europa berühmter Komponist, als er nach zweijährigem künstlerischem Schweigen ein für ihn vollkommen neues Genre präsentierte und die erste Komische Oper veröffentlichte, mit geringem musikalischem Eigenanteil. Wie groß das Bemühen um Abstand zur Operntradition und um musikalische Neuformulierung gewesen sein muß, das Gluck zu einem derartigen Opfer brachte, ist wohl kaum zu erahnen. Der Abstand zwischen den Haupt- und Staatsaktionen der normativen Metastasio-Libretti, von Gluck selber, am Ort des Entstehens, in Wien komponiert – der Abstand solcher repräsentativer Hof- und Festopern zum sinn- und sprachzersetzenden *gla, gle, gli, glo, glu*, einem sogenannten Naturbild aus dem *Rencontre imprévue*, kann kaum größer sein. Dieses syllabische Stammeln verhöhnt jede der so ungeliebten, von literarischer Kritik bald bekämpften Gleichnis-Arien Metastasios.

Die Beschäftigung Glucks mit dem komischen Genre deckt sich mit der Anwesenheit Durazzos in Wien. 1754 hatte er die Theaterleitung übernommen, zehn Jahre später mußte er demissionieren. Er und alle seine Vorgänger in der so wechselvollen und kabalenreichen Wiener Theatergeschichte waren am nämlichen Punkt gescheitert: ihr Theater wurde zu teuer. So ging Durazzo als Gesandter des Hofes nach Venedig; sein Nachfolger in der Theaterleitung wurde Joseph Wenzel Graf von Sporck.

Die Anwesenheit Durazzos war es wohl auch, die die Textauswahl für den nächsten, trotz des Genre-Wechsels nicht ausbleibenden – vielleicht müßte man sagen: nicht zu vermeidenden – Hofauftrag bestimmte. Nämlich nicht von Metastasio, sondern vom sächsischen Hofpoeten und Botschaftsrat Gianambrosio Migliavacca stammte das Libretto zur *Tetide*, einer «serenata», uraufgeführt am 10. Oktober 1760 anläßlich der Hochzeit von Erzherzog Joseph, dem nachmaligen Kaiser Joseph II., mit Isabella von Bourbon. Durazzo hatte engste Verbindungen zu Migliavacca: er hatte seinen eigenen Libretto-Versuch, die erwähnte Lully–Quinaultsche «Armide», von Migliavacca einrichten lassen, und tatsächlich kam dieses Werk, mit Tommaso Traettas Musik, 1761 in Wien heraus, noch vor dem *Orfeo*. Die *Tetide*, ein allegorisches Werk um einen Götterstreit, wer von den olympischen Herrschern sich dem neuen «hohen Paar» widmen dürfe, war Glucks einzige Zusammenarbeit mit diesem Dichter. Nach Durazzos Abgang kamen die Texte solcher Stücke – die Gluck zu vertonen wohl nicht umhin kam, denn er stand im regelmäßigen Sold des Hofes – wieder von Metastasio. Die Zeit Durazzos indes war noch nicht abgelaufen, seine beste sollte noch kommen.

Neuland

Wesentlich für das Entstehen der neuen, von Gluck musikalisch geschaffenen Gattungen war das Zusammentreffen mehrerer Männer. Wenn, pointiert gesagt, die bisherigen Werke sich der Situation und dem Auftrag verdankten, tritt nun ein, daß die Werke mit dem Anspruch der Reform einzig aus der Absicht ihrer Urheber entstehen, keinen Hofauftrag zum Anlaß haben. Und das ist neu, ebenso wie die nun einsetzende philosophische Reflexion über die neuen, neu zu schaffenden künstlerischen Genres. Deren zeitlich erstes, die Ballettpantomine – auch «ballet d'action», «danza parlante» genannt –, ist wohl in mehrfacher Hinsicht dem zweiten, der Reformoper untergeordnet. Zum einen, weil Gluck aus dem Ballett in die Oper entlehnte, und nicht umgekehrt. Zum anderen, weil Gluck ein gebrochenes Verhältnis zum Ballett hatte, wie sich zeigen sollte.

Gasparo Angiolini, der Choreograph, hatte eine belebte Tanzdarstellung vor Augen, also mimisches und gestisches Agieren der Tänzer. Damit setzte er sich gegen die vorhergehende, höfische Ballett-Tradition mit ihren Masken und der daraus resultierenden Typik und Starrheit ab. Er sah sich in der Nachfolge antiker Pantomimen. Im vollen Bewußtsein der Neuheit des von ihm Geschaffenen zeigt sich Angiolini auf der Höhe mit der zeitgenössischen ästhetischen Theorie. Er kennt bereits den Terminus der «redenden Musik», einer der führenden Begriffe der musikalischen «Empfindsamkeit», und weiß sich einig mit Gluck: «M. Gluck hat die Musik gesetzt. Er hat das Stück vollkommen erfaßt und versucht, die Leidenschaften, die vorgestellt werden, und das Grausen, das die Katastrophe beherrscht, auszudrücken. Die Musik ist bei der Pantomime die Hauptsache: sie ist es, die spricht, wir machen nur die Bewegungen... Es wäre uns fast unmöglich, uns ohne Musik verständlich zu machen, und je mehr sie an das angepaßt ist, was wir ausdrücken wollen, desto besser werden wir verstanden.» [44]

Gasparo Angiolini legt Wert auf die Feststellung, daß die Musik eigens für das Ballett komponiert, also nicht eine Choreographie zu älteren Stücken geschaffen wurde. Angiolini – bürgerlich: Domenico Maria Angiolo Gasparini (1731–1803) – setzt die neue Gattung ausdrücklich von anderen ab und rechtfertigt so die relative Kürze der jeweiligen Aufführung: «Der Tanz verzichtet auf das gesprochene Wort... Nur die Augen

58

Ranieri da Calzabigi

sollen verstehen, die Ohren sind nutzlos, daher muß die ganze Handlung gesehen werden. Einheit des Ortes ist daher unvereinbar mit der Pantomime; und wie es auch nicht erlaubt ist, sich bei Unterredungen aufzuhalten, sondern alle ermüdenden Bewegungen stets zugunsten fließender Handlung einzuschränken sind, so müssen notgedrungen ausgreifende Stoffe in den Rahmen von einigen Minuten gedrängt werden.»[45]

Auch das neue Ballett ist ohne Anregung aus Paris nicht zu denken. Calzabigi, der Librettist und einer der geistigen Väter der Reform, beanspruchte später für sich, die Vorworte der gedruckten Partituren, die ästhetischen Theorien, eigenhändig verfaßt zu haben. Was dann auch für das Vorwort zum ersten Angiolini-Ballett, dem *Festin de Pierre*, den *Don Juan* von 1761 also, gelten würde. Die dort vermittelten Ideen scheinen allerdings alles andere als genuin, vielmehr sind sie direkt der französischen Aufklärung verpflichtet, mit der Calzabigi eng vertraut war.

Calzabigi war einer jener Dilettanten des 18. Jahrhunderts, die mit dem Auseinandergehen von «Beruf und Berufung»[46] und dem Mut des professionell Unbelasteten so oft ihren Disziplinen und künstlerischen Richtungen neue Möglichkeiten wiesen. Mehrmals kreuzten sich die Wege dreier großer Dilettanten der Musikgeschichte, die Giacomo Casanovas, Lorenzo da Pontes und eben die von Ranieri Simone Francesco Maria Calzabigi. Letzterer hatte sich als Dramatiker versucht, im Auftrag der französischen Regierung in Genua zusammen mit Casanova eine Lotterie aufgelegt und wegen angeblichen Giftmords offenbar kurzzeitig im Gefängnis gesessen. Er schrieb nationalökonomische Abhandlungen; als Geheimrat bei der Niederländischen Rechnungskammer war er seit Anfang 1761 in Wien. Seine nationalökonomischen Fähigkeiten hatten ihn vermutlich dem Hofkanzler Kaunitz empfohlen, der den literarisch Gebildeten, der eigene Theatererfahrungen hatte, mit Durazzo und Gluck verbunden haben mag.

Während seiner Pariser Zeit hatte Calzabigi sich mit der zeitgenössischen Philosophie vertraut gemacht, und die nachmalig von ihm und Gluck ausgehende Metastasio-Kritik war dort, in Paris, schon begründet worden. Rousseau hatte sich seit dem «Buffonistenstreit» von 1752 um die Vorherrschaft der italienischen oder französischen Oper zum Anwalt der künstlerisch überzeugenden Sprachvertonung, gepaart mit «natürlicher» Sangbarkeit, gemacht. Er hatte zwar die Libretti Metastasios gelobt, «dessen Stücke... besser gebaut und edler»[47] seien als die des französischen Librettisten Philippe Quinault, der mit Lully zusammengearbeitet hatte. Gleichwohl: die Traurigkeit des durchgehenden Textes bildet einen «befremdlichen Kontrast zur... Lebhaftigkeit der Arie... Dies ist eine der Ursachen dafür, daß italienische Opern, obwohl interessant zu lesen, auf dem Theater immer von eisiger Kälte sind.»[48]

Der Vertonung wesentlich gemäßer seien die Quinaultschen Libretti, weil sie auf eben den leidigen Gegensatz von Rezitativ und Arie verzichteten. Rousseau weiß sich mit seinem zeitweiligen Freund und Mitstreiter Denis Diderot einig in der positiven Einschätzung der Quinaultschen «Armide». Rousseaus wie Diderots literarische Empfehlungen sollten von Gluck quasi seismographisch empfangen und aufgenommen werden. Rousseaus weitergehende Kritik, die sich gegen die Mehrfachvertonung eines einmal geschriebenen Stücks richtet, nennt zwar nicht ausdrücklich den Namen Metastasios, ist aber ohne Zweifel gegen die europäische Praxis zur Zeit des Wiener Hofpoeten gemünzt: «Jeder Sprache, in der man verschiedene Melodien zu denselben Worten setzen kann, fehlt der festgelegte musikalische Akzent. Wäre er festgelegt, wäre die Melodie es auch. Sobald die Wahl der Melodie freisteht, gilt der Akzent nichts.»[49] Rousseau hält die französische Sprache für rauh, dumpf und der Einkleidung in Musik, die ihm zuvorderst Melodie ist, für vollkommen ungeeignet. Wobei er sich später mit Bekenntnis und durch eigene Kompositionen widersprach, damit aber sich selbst und auch Gluck dem Hohn der Widersacher aussetzte. Die im Zitat wiedergegebenen Erkenntnisse nehmen fortgeschrittene philosophische Theorien auf, wie die der «natürlichen» Sprachvertonung. Auf diesen und anderen Theorien Rousseaus bauten Calzabigi und Gluck auf.

Wie Rousseau urteilte auch Diderot: «Ich fürchte, daß bisher weder die Dichter noch die Tonkünstler... noch die Tänzer einen richtigen Begriff

Jean-Jacques Rousseau

von ihrem gemeinschaftlichen Theater gehabt haben... Der Poesie haben Gedanken gefehlt. Dem Gesange haben Stärke und Nachdruck gemangelt; und die Weisheit, die dieser ihrer Organe beraubt ward, konnte sich den Völkern nicht mehr so reizend hören lassen... Ein großer Musikus und ein großer lyrischer Dichter könnten diesem Übel abhelfen.»[50]
So prophetisch wie diese ist auch die folgende Bemerkung Diderots, die sich auf eine neue, «natürliche» Art des Tanzes bezieht, die die alten, höfischen Allemanden, Sarabanden überwinden sollte: «Es ist eine Nachahmung durch Bewegungen, welche die vereinigte Hilfe des Dichters, des

Denis Diderot, nach einem Jean-Baptiste Perronneau zugeschriebenen Gemälde

Malers, des Musikus und des Pantomimen erfordert.»[51] Die Kategorie der Bewegung, die Diderot anspricht, sollte zu den grundlegenden Forderungen der Musikphilosophie des 18. Jahrhunderts gehören.

Die Düsterkeit vieler Reformwerke, die von etlichen Zeitgenossen moniert wurde, läßt sich von der durch Calzabigi vermittelten Theorie Diderots herleiten, den aufgeklärten Völkern und Zeiten ihren archaischen Urgrund vorzuhalten. Je zivilisierter und geschliffener ein Volk sei, desto mehr seien seine Sitten unpoetisch und rauh. Diderot formuliert die Dialektik der Aufklärung, die besagt, daß der «policierte» Habitus auf den dunklen Seiten der Seele ruht, auf die er nicht verzichten kann. Seine Erkenntnis legt zugleich die innere Verbindung von Empfindsamkeit und Romantik bloß. Diese Theorie, die auch dem Gluckschen Werk zugrunde liegt, ist weit entfernt von Winckelmannscher Klassik. «Die Poesie verlangt etwas Ungeheures, Barbarisches und Wildes. Alsdann, wenn die Wut... die Menschen mit Dolchen bewaffnet und Blut in Strömen fließt, alsdann treibet und grünet der Lorbeer des Apollo. Mit Blut will der begossen sein.»[52]

Das erste künstlerische Ergebnis der neuen Lehre ist der erwähnte *Festin de Pierre*, eine Ballett-Pantomime nach Molières «Don Juan», die am 17. Oktober 1761 im Burgtheater stattfindet. Das Tagebuch des Grafen Zinzendorf, eines weiteren Zeitzeugen der Wiener Theaterverhältnisse, bemerkt dazu: «Im Theater gab man den Spieler [ein fünfaktiges Lustspiel von Regnard], dann eine Ballett-Pantomime, *Der steinerne Gast*: Die Handlung ist außerordentlich düster, trostlos und schrecklich.»[53]

Diesem «düsteren» Ballett folgte am 5. Oktober 1762 *Orfeo ed Euridice*. Das Werk, das Gluck in der literarischen Rezeption jener Tage zum Schöpfer der neuen Musik werden ließ, wurde als ähnlich düster und schwer wie der *Don Juan* empfunden. Das Zeugnis eines zeitgenössischen Besuchers kann dies belegen. «Es ist ein vollkommen ungewöhnliches Schauspiel, nie sah ich Ähnliches in der Art. Das Spiel, die Musik sind von großer Wirkung und rufen eine Traurigkeit hervor, die tief in die Seele eindringt, bis man sich dann ganz den Worten der Dichtung hingibt. Es scheint, daß der Komponist, der berühmte Gluck, die Absicht hatte, ein Meisterwerk des Trauerspiels zu schaffen, was ihm nicht schlecht gelang: denn ohne die Lösung, die ergötzlich ist, wären die Zuschauer sehr traurig heimgekehrt. Außerdem ist das Stück sehr schwer aufzuführen.»[54]

Damit ist zugleich die Nähe des *Orfeo* zur Gattung des bürgerlichen Trauerspiels angesprochen. Der *Orfeo* ist, gattungstypisch argumentiert, keine Oper – die zu schreiben für Gluck wegen der kriegsbedingten Sparsamkeit der Wiener Theater und der «französischen» Ausrichtung Durazzos bislang noch unmöglich war. Er gehört zur kleineren Gattung der «azione teatrale», die geringeren Aufwand an Sängern und Ausstattung vorsieht, eher im pastoralen Genre angesiedelt ist und vor allem keine Tragik, dafür das gute Ende, das «lieto fine» kennt. Der überlieferten Tragödie widersprechen die so auffällige Intimität der Handlungen und Auseinandersetzungen wie auch das Unheldische (Walter Benjamin) und der Wunsch nach privatem Glück. Diese Intimität der Gluckschen Werke, nicht nur des *Orfeo*, ist zugleich die des bürgerlichen Trauerspiels, das von Lessing und von Joseph von Sonnenfels in dessen «Briefen über die Wienerische Schaubühne» die theoretische Begründung erhielt. Beider Forderungen sind im Gluckschen Werk – was die Einordnung so erschwert – mit der Diderotschen Ästhetik verquickt. Die «Wut», die «Dolche» und das «Blut», die Tiefgründigkeit der französischen Ästhetik sind mit der «nützlichen» Moral, der Häuslichkeit, Privatheit des bürgerlichen Trauerspiels vereint. Einer Moral, die will, daß der Stand-

haftigkeit der Heroen abgeschworen wird, welche statt dessen als leidende Menschen erscheinen. Der «Endzweck» dieser Vermenschlichung ist die «Rührung» des Zuschauers.

Daß aber das Glucksche Œuvre im Schnittpunkt zweier künstlerischer Auffassungen steht, die sich teilweise ausschließen, macht die Schwierigkeit ihrer Rezeption nicht erst heute aus. Die im Mythos aufgehobene, der Tragik verschwisterte Größe des Schmerzes, die unbürgerliche

Partitur-Manuskript der Arie «Che farò senz' Euridice» aus «Orfeo ed Euridice», 1762

Sphäre der aus der Antike und der französisch-höfischen Klassik herübergeholten Literaturen opponiert zum guten Teil dem «unklassischen», un-Racineschen Bitten um einen zärtlichen Blick, eine Umarmung, die Eurydike ausspricht. Auch fügen sich weder Alceste noch die aulische Iphigenie widerspruchslos ins Schicksal um einer vermeintlichen Staatsraison willen, sondern wissen, daß ihnen Besseres gebührt als Opferstatus und Unverständnis der Männer. Um dieses Moment der Selbstbehauptung unterscheiden sie sich von der Iphigenie Racines. Das «lieto fine», das gute Ende, das die schließliche Rettung und Chance zum Neubeginn bringt, wurde, wie das Zitat lehrt, gleichsam erwartet. Von Gluck gleichwohl als Besonderheit angemerkt; er empfand die Abänderung des tradierten Schlusses mit Eurydikes unwiderruflichem Tod und auch Orpheus' verzweifeltem Ende als unumgänglich, um die Fabel an die gewünschte Aufführung anzupassen.

Die Nähe des *Orfeo* als «azione teatrale» zum bürgerlichen Trauerspiel mag in bewußter Opposition zur «haute tragédie» gewählt worden sein. Deren Unausweichlichkeit in der dramatischen Entwicklung mit tragischen Ende wurde als Entsprechung der Unantastbarkeit des Ancien Régime gesehen. In diesem Zusammenhang ist dem bürgerlichen Schauspiel der Gestus der Selbstgratulation bescheinigt worden. Die hier mitschwingende Behauptung der «sozialen und moralischen Tüchtigkeit»[55] verbindet sich mit der Überzeugung, daß einem als gegeben bestimmten Schicksal gleichwohl opponiert, entronnen werden könne. Gerade das tun Glucks Protagonisten: durch die Kategorie der Erfahrung, durch das – wohl sehr «klassische» – endlich doch gezeitigte Einstimmen in die Notwendigkeit überwinden sie ihre jeweiligen Grenzen und besiegen den mythischen Tod. Und es ist gerade die Kategorie der Selbstreflexion, der Erfahrung – der des Angewiesenseins auf andere; der des Opfers, des Todes, der Liebe –, die den Umschlag der dramatischen Entwicklung herbeizwingt, in allen großen Werken Glucks. Die Kategorie der Erfahrung aber ist auch eine Erkenntnis der Philosophie des 18. Jahrhunderts. Shaftesbury schon fand dafür das Bild der Selbstspiegelung, das auch die Psychologie unseres Jahrhunderts grundlegend verwendet. Künstlerischen Ausdruck aber fand diese Dimension zuerst bei Gluck. Sein letztes Werk sollte diese Selbstreflexion und Spiegelung dann noch einmal zusammenfassend formulieren.

Die Wahl des Orpheus-Stoffs beim ersten Reformwerk ist beziehungsreich. Der Musiker Gluck komponierte die Macht der Musik. Denn nicht durch Worte, sondern durch seinen Gesang soll Orpheus nach dem Gebot Amors die Götter der Unterwelt besiegen. Mehr noch: Rede wird ihm verboten; schweigend soll er Eurydike aus dem Hades holen, ihr den Grund nicht nennen, warum er sie nicht ansieht. Sprache, Diskurs wird hier als unpassend und begrenzt erkannt, und das im Libretto genannte Schweigegebot deckt sich mit der neuen Lehre, der Musikästhetik, die die Musik als «eigentlich redende» Kunst bestimmte. Die Änderung des überkommenen Mythos – die nicht beim Tod beider Protagonisten verharrt – ist Bedingung für Orpheus' Erfahrung: die der eigenen Todesbereitschaft. Diese Erfahrung erwirkt Eurydikes zweite Rettung. In der französischen Umarbeitung des *Orfeo* zum *Orphée* ist der Zuwachs an Wissen in die Musik eingegangen. Beim zweiten, endgültigen Aufstieg aus dem Hades wird die Freude des Wiedersehens ergänzt durch die Einsicht, daß die zweite Chance zum Zusammenleben von Orpheus und Eurydike Klugheit verlangt. Diese Reifung läßt den Anruf an die *zärtliche Liebe*, die *tendre amour*, behutsam werden. Unter der Freude schwingt die Verhaltenheit mit, und statt in strahlendem, unbelastetem Dur verweilt die Musik zunächst in e-Moll:

Das von Calzabigi und Gluck neu eingeführte Schweigegebot wie auch die zweite Rettung haben ihren Grund demnach in fortgeschrittener Erkenntnistheorie, dem Beginn der Psychologie und neuester Kunstanschauung.

«Voici l'œuvre qui fait l'époque»[56] – dieses Werk bestimmt die Epoche; Favarts Einschätzung belegt, daß bereits recht früh die Bedeutung von *Orfeo ed Euridice* erkannt wurde. Zunächst wurde das Werk allerdings zögernd aufgenommen. Zinzendorf ist zwar begeistert: «Das Theater war voll, die Musik göttlich und pathetisch, die Inszenierung sehr schön.»[57] Auf Kritik stießen dagegen zuweilen die Ouvertüre wie auch das Schlußballett, und schon damals kam einzelnes Unverständnis auf am vermeint-

Orpheus und Eurydike nach einem Gemälde von Nicolas Poussin

lich frohen Tonfall des Trauergesangs von Orfeus: *Che farò senz' Euridice*.

Das Ballett und die absichtsvolle Umarbeitung des Mythos hatten ihren äußeren Grund: das Werk kam zum Namenstag des Kaisers heraus. «Lieto fine» und Tanz waren unabdinglich, und Enttäuschung dieser Erwartungen hätte dem Fest-Charakter widersprochen. Aber kein Auftragswerk war der *Orfeo*: was Gluck, Calzabigi, Angiolini und der Ausstatter Giovanni Maria Quaglio schufen, geschah aus eigener künstlerischer Überzeugung – ein Novum in der Operngeschichte.

Zwischen «Orfeo» und «Alceste»

Als nächstes Werk schrieb Gluck den *Trionfo di Clelia* für das Theater in Bologna. Die Tatsache, daß Gluck nach dem *Orfeo* wieder zu Metastasio zurückkehrte, ist für die Biographen nicht minder verwirrend als der vergleichbare Vorgang bei Mozart, der nach drei da Ponte-Opern parallel mit der «Zauberflöte» noch den «Titus» von Metastasio vertonte. Zur Erklärung mag bei Gluck angeführt werden, daß der auf Sparsamkeit bedachte Wiener Hof Gluck keine Möglichkeit bot, ein abendfüllendes dreiaktiges Werk zu schreiben, noch dazu mit einem Librettisten seiner Wahl. Vielleicht nahm der *Orfeo* im Bewußtsein seines Komponisten auch eher den Rang eines Probestücks ein. Er wäre dann die erstmalige Realisierung einer künstlerischen Absicht, die sich ganz entscheidend dem Zusammentreffen und -arbeiten mehrerer Gleichgesinnter verdankte, einer Konstellation, die sich nicht beliebig wiederholen ließ. Ein radikaler Schnitt nach dem ersten Reformwerk, der jegliche Rückschau verhinderte, würde zudem das unhistorische Bild vom «Gänsemarsch der Epochen» (Bloch) voraussetzen, dem das Gesamtwerk Glucks auch dadurch widerspricht, daß es immer wieder, auch in den letzten Beiträgen, auf früher Formuliertes, das noch Gültigkeit hat, zurückgreift.

Noch vor der *Orfeo*-Premiere wendet sich Graf Luigi Bevilaqua, der Vorsteher des Vereins zum Wiederaufbau des abgebrannten Theaters in Bologna, an Gluck. Wieder ist Dittersdorf Zeitzeuge. Gluck probt intensiv mit dem Bologneser Opernorchester, klagt über die mangelnde Spielkultur. Wieder tritt, nach der Premiere am 14. Mai 1763, auf, was schon in Wien nach dem *Festin de Pierre* und nach *Orfeo ed Euridice* zu hören war: das Werk sei zu dunkel, klinge wie ein Requiem. Dieser letzte Hinweis kann belegen, in welchem Maße der ohnehin für Gluck charakteristische, im *Orfeo* fast stets präsente liedhafte, schlichte Tonfall in die ehemalige Domäne des strahlenden Koloraturgesangs und des Sänger-Prunks eingebrochen war. Untypisch für die überkommene «seria» ist zum Beispiel die diatonische Klarheit, Gleichmäßigkeit des Ablaufs und der fast volksliedhafte Ton der folgenden Arie der Larissa aus dem zweiten Akt.

Daß Padre Martini, der legendäre Kompositionslehrer des 18. Jahrhunderts, der «weltbekannte klassische musikalische Diktator» und «padre di tutti i maestri»[58], einer Aufführung in seiner Heimatstadt Bologna beiwohnt, darf als sicher angenommen werden. Dittersdorf berichtet von einem Besuch Glucks bei diesem Mann, der zeitweilig Mozart und Johann Christian Bach unterrichtet hatte. Er galt wie kaum ein Zweiter als Autorität und wurde von Gluck-Gegnern später einmal als Kunstrichter angerufen. Freilich antwortete er dann mit unerwünschtem Schiedsspruch.

Mit den Intentionen Durazzos muß kollidiert haben, daß zu Beginn der Karnevals-Saison am 26. Dezember 1763 auch in Wien, am Burgtheater, nach sieben Jahren wieder eine Glucksche Metastasio-Vertonung aufgeführt wurde. Es war eine – immerhin gründliche – Umarbeitung: die des *Ezio*, die, wie erwähnt, ihrer wichtigsten musikalischen Nummer allerdings beraubt war, da diese inzwischen als Bild elysäischen Friedens im *Orfeo* verwendet worden war. Gluck nahm sich mehrmals im Verlauf seiner Karriere frühere Werke zur Umarbeitung vor. Auch dies darf als Kennzeichen des Neuen, des Versuchs der Formulierung einer «endgültigen» Werkgestalt, einer neuen musikalischen Sprache erkannt werden. Es war demzufolge wohl kaum Zeitnot, die ihn zur «bloßen» Umarbeitung zwang, Zeitnot, die aufgekommen wäre, weil vierzehn Tage nach dem neuen *Ezio* die letzte der opéras comiques, die einzige mit ausschließlich von Gluck stammender Musik ihre Premiere hatte: *La rencontre imprévue*. Alle Nummern, die im alten *Ezio* von 1750 schon Entlehnungen waren, hatten diesen Status auch diesmal, indem sie gegen neue ausgetauscht wurden. Allein sieben der nun neuen, verjüngten Entlehnungen für Wien stammten aber aus der ein halbes Jahr vorher entstandenen Bologneser *Clelia*. Mit gutem Grund, denn «die neue Kantabilität des *Trionfo di Clelia*... gelangt so auch in die Neufassung des *Ezio*»[59].

Daß die Technik der Entlehnung, des Eigen- und des Fremdplagiats allmählich ihrem Ende zuging, belegt die Diskussion um das nächste Werk. Es war eine Arie, die Gluck anläßlich der Krönung Erzherzog Josephs zum Römisch-Deutschen König in Frankfurt Ende März 1764 aufführen ließ, wie zumindest die französischen Gluck-Anhänger behaupteten. Den Hinweis auf das Aufführungsdatum 1764 brauchten sie, um den Meister vom Vorwurf des Plagiats einer Arie von Ferdinando Bertoni, die

Gluck. Lithographie von Delpech, 1835

1767 entstand, frei- und Gluck die zeitliche Priorität zuzusprechen. Der Fall ist, da die angeblich in Frankfurt gesungene Arie nicht bekannt ist, genauso unentschieden wie der des möglichen anderen musikalischen Beitrags von Gluck, einer Festkantate *Enea e Ascanio*, deren Musik gleichfalls verloren ist. Der Vorwurf des Plagiats aber belegt, daß das ehedem Legitime inzwischen verdächtig und illegitim zu werden begann.

Die Reise nach Frankfurt hatte über Paris geführt, wo Gluck den Druck seiner *Orfeo*-Partitur begutachtete. Der Druck kompletter Opern

Padre Giovanni Battista Martini

war für Italien und Deutschland ungewöhnlich. England kannte den der «favourite airs», der besonders beliebten Arien, was Gluck mit seinen beiden Londoner Opern selbst erlebte. Ganze Partituren wurden meist nur in Paris gestochen. Daß Gluck als einer der wenigen nichtfranzösischen Komponisten – seine späteren Parteigänger machten daraus den ersten und einzigen – den Druck anstrebte, ist ein weiteres Indiz für den Rang, den der reformatorische Erstling im Bewußtsein seines Schöpfers einnahm. Die Reise hatte Gluck mit Durazzo und Marco Coltellini gemacht. Es war die letzte gemeinsame Unternehmung mit Durazzo, der zuvor noch für ihn, Angiolini und eine Tänzerin in Wien eine Pension erfochten hatte. Durazzo ging dann, noch von Frankfurt aus, als Gesandter nach Venedig. Marco Coltellini aber war ebenfalls Dichter und Librettist des Wiener Kreises, den Durazzo versammelt hatte. Gluck arbeitete später mit ihm zusammen, und dessen «Ifigenia in Tauride», vertont von Tommaso Traetta, war noch vor Glucks und Calzabigis *Orfeo* in Wien herausgekommen. Gluck sollte diese für ihn wichtige «Ifigenia» 1767 selbst dirigieren.

Die in Paris vorliegende Partitur des *Orfeo* sorgte dort schon für erste Parteienbildung. Komponisten wie Philidor und Monsigny, die als Schöpfer von opéras comiques angefangen hatten, bewunderten Gluck. Melchior Grimm aber, der Aufklärer, sah Barbarei und den zukünftigen Untergang der Musik voraus, wenn sich Glucks Stil durchsetzen würde.

Die Gesellschaft Coltellinis während der Reise nach Paris und Frankfurt hatte künstlerische Gründe und zeitigte ebensolche Konsequenzen. Im Januar 1765 trat Gluck mit einer Trias hervor, deren aufwendigstes Werk eben das Ergebnis der Zusammenarbeit mit dem Calzabigi-Schüler Coltellini war. Der *Telemaco, ossia L'isola di Circe* erklang als einer von drei Beiträgen Glucks zu den Festlichkeiten der zweiten Heirat König Josephs mit Maria Josepha von Bayern. Es gibt Gründe zur Annahme, daß dieses Werk als Festoper genommen wurde, weil es bereits fertiggestellt war, als man es brauchte, nicht aber, weil es als solche bestellt worden wäre. Der frühe Zeitpunkt des Zusammentreffens Glucks mit Coltellini spricht gegen einen nach Lage der Dinge erst spät erteilten Auftrag. Wie auch die Tatsache, daß der *Telemaco* tendenziell den Reformwerken zuzurechnen ist, was eine längere Vorbereitungszeit einschließt. Eine neuerliche Heirat des verwitweten Joseph schien nach der Königskrönung politisch geboten, und gleichsam erst im letzten Moment wurde mit den Festvorbereitungen begonnen. Alles drängte zur Eile. Das bezeugt auch ein Brief des Hofdichters Metastasio, der zusammen mit Gluck einen weiteren musikalischen Festbeitrag lieferte, den *Parnaso confuso*, eine «azione teatrale», wie sie Gluck schon mehrmals zur Zufriedenheit des Hofes komponiert hatte: «Wir haben hier gerade ein kleines Drama; bestellt, ausgedacht, geschrieben, in Musik gesetzt, einstudiert, ausgestattet und vorgeführt innerhalb von fünf Wochen.»[60] Es kann sich wohl kaum um eine plötzlich erwachte Vorliebe für Gluck gehandelt haben, die den Hof die Aufträge erteilen ließ. Das Vorurteil Maria Theresias gegenüber Gluck, Gaßmann und anderen ist bekannt.

Möglich wäre natürlich, daß ein Fürsprechen Erzherzog Leopolds, der Gluck nahestand, später Widmungsträger wurde, den Komponisten empfohlen hat. Gleichwohl: gegen förmliche Aufträge spricht zunächst der ernste Charakter des dritten Festwerks, Glucks und Angiolinis Ballett-Pantomime *Semiramide*. Deren Musik wurde später fast vollständig in *Iphigénie en Tauride* eingearbeitet. Khevenhüller bemerkt in seinem Tagebuch, daß das Ballett «gar keine Approbation gefunden, auch in der That für ein Hochzeitsfest gar zu pathetisch und traurig gewesen»[61] sei. Die Handlung um Beinahe-Inzest, gerächten Gattenmord und Suizidversuch wäre in der Tat, als Auftragswerk zur Hochzeit herausgekommen, ein Affront ohnegleichen gewesen. Aber auch die im *Telemaco* am Ende auseinanderbrechende Liebe der Protagonisten, der Fluch Circes, dem heimkehrenden Odysseus nachgeschickt, und die haßerfüllte Zerstörung ihrer Insel – zwei Schlüssel-Motive auch der späteren *Armide* – taugen wenig als Preis des neuen Paares. Sie lassen sich dafür in quasi-Freudscher Manier eher als Abbild der tatsächlichen Verhältnisse lesen: diese

Festaufführung des «Parnaso confuso» in Schloß Schönbrunn

zweite Ehe des nachmaligen Kaisers Joseph II. war nicht aus Zuneigung oder Liebe geschlossen worden, und sie dauerte nur zwei Jahre.

Wie ein Hochzeitsbeitrag im Grunde auszusehen hatte, zeigt der *Parnaso confuso*. Einzig er entstand zur «Verherrlichung des hohen Beylagers Ihrer Römisch-Königl. Majestäten»[62]. Die Rollen waren für die jüngeren Schwestern des Bräutigams konzipiert. Die Erzherzoginnen Maria Amalia, Maria Elisabeth, Maria Josepha und Maria Charlotte sangen, begleitet vom «maestro al cembalo» Erzherzog Leopold, dem späteren

Kaiser Leopold II. Das Thema des *Parnaso confuso* ist autobiographisch. Metastasio schrieb den Text eigens für Gluck – das erste Mal arbeiteten beide zusammen –, und er handelt von der Schwierigkeit, rechtzeitig zum bevorstehenden Fest einen Text fertigzustellen. Gluck «gibt ein paar seiner schönsten Melodien»[63], wozu auch das G-Dur-Rondo der Erato: *Di questa cetra in seno*

mit der Pizzicato-Begleitung der Violinen gezählt werden darf. Es ist eine jener betörenden, dabei klaren Weisen, die bei Gluck immer zu finden sind, wenn Musik eine dramaturgische Funktion im Stück hat.

Die Frage, inwieweit der *Telemaco* zu den Reformwerken zu zählen sei, die Frage auch, ob Gluck allein als Reformator in der Musikgeschichte zu gelten das Recht habe – beide in der Biographik diskutiert –, wird in jenen Tagen recht deutlich von Calzabigi beantwortet. In einem Brief an Kaunitz setzt er die Ziele seines Kreises von Metastasio ab. Dessen Dramen dünken ihm «Sättel für alle Pferde»[64], passend also für jeden Komponisten, jeden Sänger. Dagegen setzt Calzabigi, daß im Reformwerk – er spricht von *Alceste* – die Einmaligkeit des Zusammenstimmens von Musik und Text eine adäquate Aufführung des Sängerdarstellers nach sich zu ziehen hätte; «alles hängt vom Auge des Zuschauers und konsequenterweise von der Aktion ab». Damit ist ziemlich exakt das umrissen, was 100 Jahre später Richard Wagner in «Oper und Drama» formulierte: Musik und Text schicken sich zusammen zum Zweck des Dramas, hinter dem beide zurückstünden, nie Selbstzweck zu sein hätten. Und die von Calzabigi mit dem höhnischen Vergleich belegte Austauschbarkeit von Text und Musik, dazu deren Manifestation im Opernalltag, die Kolaratur-Arie nämlich, hieße bei Wagner «Wirkung ohne Ursache».

Ausdrücklich erhebt Calzabigi den Anspruch der Reform, ein halbes Jahr vor der *Alceste*-Premiere 1767. Das Werk war bereits fertiggestellt und der Librettist konnte sich darauf beziehen: «Jetzt wird alles anders, im neuen Plan des Musikdramas, das, falls nicht erfunden, so doch zumindest das erste Mal durch mich in die Praxis umgesetzt wurde im *Orfeo*, dann in der *Alceste*, und fortgesetzt dann von Herrn Coltellini.»[65] Calzabigi nennt in diesem Brief vier Opern, die ihm als «Kunstwerk der Zukunft», um in Wagners Sprache zu bleiben, dünken: Glucks und seinen *Orfeo*, Traetta–Coltellinis «Ifigenia in Tauride», Gluck–Coltellinis *Telemaco* und eben die *Alceste*.

Hector Berlioz zumindest anerkannte wohl diesen Anspruch des *Telemaco*. Er, der große Gluck-Begeisterte des 19. Jahrhunderts, der seine Instrumentations-Lehre zum großen Teil mit Beispielen aus Gluckschen Werken illustrierte, schätzte die *Telemaco*-Partitur sehr und nannte die Arie des Ulisse: *Ah, non chiamarmi ingrato*

«eines der köstlichsten Andante, die je geschrieben wurden»[66]. Die Oper ist allerdings – mit langen secco-Rezitativen, ausladenden da capo-Arien – nicht ganz frei von Konventionen. Das mag den dichterischen Fähigkeiten Coltellinis und der am Ende knapp werdenden Vorbereitungszeit mit ihren drei Gluck-Werken zuzuschreiben sein. Andererseits wurde dadurch wohl die Verbreitung des *Telemaco* verhindert.

Die Erinnerung an die *Cinesi*, in der sie selbst eine der Solopartien gesungen hatte, und der Erfolg des *Parnaso confuso*, in welchem ihre Töchter dann auftraten, müssen Maria Theresia verleitet haben, ein drittes Mal Metastasio, ein zweites Mal Gluck zu bitten, dem Kaiserhaus mit einer kleinen Oper zu dienen. Die Kaiserin plante, zum Namenstag des Kaisers wieder eine «azione teatrale» von ihren Töchtern aufführen zu lassen. Der Tod Franz' I. am 18. August 1765 verhinderte indes die Premiere von *La Corona*, und bis heute blieb dieses zweite und letzte Ergebnis der Zusammenarbeit der späteren Widersacher Gluck und Metastasio unaufgeführt.

Aufgeführt, im kaiserlichen Lustschloß Laxenburg, aber verschollen ist ein anderes Werk Glucks, eine weitere Ballett-Pantomine: *Iphigénie*.

Eine Bemerkung Leopolds besagt, daß am 19. Mai 1765 dieses «ballet tragique» stattfand. Es ist anzunehmen, daß analog zu den anderen – bekannten – Balletten auch große Teile dieser Musik im Opernwerk fortleben. Das gilt desgleichen für *Les Amours d'Alexandre et de Roxane*, ein Ballett, das Gluck zum Namenstag des Kaisers im Oktober 1764 aufführte, wie alle Ballette gemeinsam mit Angiolini. Der Tod des Kaisers aber verhinderte nach der *Corona*-Premiere zunächst auch jede andere Theateraufführung. Mit der Staatstrauer kam die Schließung der Theater. So fand die nächste Premiere außerhalb Österreichs statt. Den vier für das Haus Habsburg geschriebenen oder an Stelle eines Auftragswerks aufgeführten Opern schließt sich eine fünfte an, ein Prolog: *Il Prologo*. Er wurde komponiert für die Niederkunft Maria Louises von Toskana, der Frau Erzherzog Leopolds. Die kurze Komposition, ohne Engagement geschrieben, wurde innerhalb von zwei Wochen erdacht und einstudiert; am 22. Februar 1767 war die Uraufführung in Florenz. Der *Prologo* wurde in Florenz gefolgt von einer ebenfalls von Gluck geleiteten Aufführung der «Ifigenia in Tauride» von Traetta, dem Werk, das für Glucks eigene *Iphigénie en Tauride* nicht ohne Einfluß war.

Im März 1766 schon waren die Wiener Theater wiedereröffnet worden, genauer: nur das Kleine Haus, das Kärntnertor-Theater. Der erste große Wiener Ballett-Meister, Franz Hilverding, der Vorgänger Angiolinis, wurde – von einem mehrjährigen Moskau-Engagement zurückgekehrt – der erste neue Impresario. Falls aber, so lautete eine Vertragsklausel, es Mitgliedern der «noblesse» in den Sinn kommen sollte (in Erinnerung an Durazzo-Zeiten), das «Théâtre français près de la Cour», das Burgtheater wieder zu eröffnen, hätte Hilverding diesem Wunsch zu folgen. Das wäre unausweichlich mit finanziellen Verlusten gekoppelt gewesen. Denn noch nie hatte in Wien das französische Haus, die Lieblingsbühne des Adels, sich allein getragen. Immer hatte das deutsche, das Kärntertor-Theater zugeschossen. Und das, obwohl Franz I. in den Foyers des Großen Hauses Kartenspiele zugelassen hatte, um mit dem Erlös dieser «hazard spielle» die ständigen Kosten aufzufangen. Die Eröffnung dieses luxuriösen Ersten Hauses war tatsächlich zu erwarten, denn es langweilte den Adel, daß «le spectacle dermaßen lediglich in deutschen Komödien»[67] bestünde.

Franz Hilverding indessen hatte seine Kompetenzen rechtzeitig an eine «stillschweigende Compagnie» abgetreten, und prompt trat ein Mann auf, der Lösung und Hilfe wußte. Zugleich trat damit wieder einer jener Dilettanten in Glucks Leben, die für die Operngeschichte, die Kulturgeschichte des 18. Jahrhunderts so wichtig, fast scheint es: so unentbehrlich sind. Giuseppe d'Affligio trat auf den Plan; Casanova kannte ihn auch als Marcati. D'Affligio-Marcati war Glücks- und Falschspieler, Kunstmäzen, kaiserlicher Oberstleutnant, zeitweilig – wegen der versuchten Entführung einer verheirateten Frau – Insasse eines «Stockhauses», Günstling

77

Kärntnertor-Theater

des Hochadels, schließlich eben Theaterpächter. Unter seiner Impresa entstand das Werk, mit dem Gluck endgültig die Wendung vom alten Stil, die Abkehr von Metastasio vollzog. Giuseppe d'Affligio, der Italiener, ermöglichte Gluck, das zu schaffen, was diesem vielleicht schon länger vorgeschwebt hat: wieder eine große italienische Oper, diesmal aber nach eigener künstlerischer Überzeugung. Gemeinsam mit Calzabigi schrieb Gluck nun die *Alceste*. Nie mehr griff er danach zu Metastasio-Stoffen, und in der eigenen Absicht wie auch im Bewußtsein der kundigen Zeitgenossen bedeutete diese dreiaktige «tragedia messa in musica» die erste Übertragung der neuen künstlerischen Einsichten auf das große Musiktheater. Die neue Oper, das Musikdrama war geboren.

Die neue Oper

«Herr Chévalier Gluck ist ein Mann, der wirklich für das Orchester erschaffen ist, der durch seinen *Orpheus*, seine *Rencontre imprévue*, den
Don Juan und *Alexander* schon unsterblich sein würde, wenn er auch
sonst nichts mehr geliefert hätte. Ein Mann, der die Werke eines Metastasio beseelt... (seine Töne reden selbst den Gedanken). Er hat Stellen,
worüber einem das wenige Genie, so man hat, verschwindet. Man miß-
fällt sich selbst. (Nur die Musiker werden uns verstehen.) Der Mut
kommt nicht eher wieder, als bis der Eindruck, den er auf uns gemacht,
sich nach und nach verlieret. Wenn er mit starken Zügen die Leidenschaften schildert, so reißt er die Herzen mit dahin, wo er will. Ueberall glück-
lich, überall der Führer unserer Herzen. Jede Wendung, jeder Gang und
Fall gibt der Seele ihren richtigen Standort an. Es ist unmöglich, ihn ganz
zu fühlen, wenn man nicht zugleich Dichter und Tonkünstler ist.» [68]

Gluck, in jeder Hinsicht von erdrückender und bestürzender Größe,
fähig, jedwede Leidenschaft zu erregen – dieses anonyme, fast romanti-
sche Zeugnis, offenbar von Kollegenhand verfaßt, mißt Gluck den Rang
des Außergewöhnlichen zu. Gluck wie Calzabigi wurden beide selber
nicht müde, die Qualität des Ungewöhnlichen zu betonen und die Neuartigkeit dessen, was mit ihrem Namen zu verbinden sei. Gluck, oder nach
eigenem Zeugnis Calzabigi, der sich als «spiritus rector» verstand, verfaßte zur *Alceste* ein Vorwort, eine Widmung. Es ist das erste Mal, daß
eine Gluck-Oper derartig eingeleitet wird. Das Mißbehagen an Metastasio wird offen ausgesprochen: *Der Verfasser, auf neuartige Behandlung
des Dramatischen bedacht, ersetzte die blumigen Schilderungen, überflüs-
sigen Vergleiche, Sentenzen und blutleeren Moralitäten durch die Sprache
des Herzens, starke Leidenschaften, interessante Situationen und ununter-
brochene Bühnenbewegung.* [69]

Die hier angesprochene Sprachqualität lenkt den Blick auch auf Mozart. Ein in der Tat naheliegender Vergleich der beiden Komponisten
kann sich scheinbar am Wort–Musik-Verhältnis entzünden und zum Gegensatz ausweiten: *Ich trachtete die Musik auf ihre wahre Aufgabe zu be-
schränken, der Dichtung zu dienen für den Ausdruck und für die Situation
der Handlung, ohne die Aktionen zu unterbrechen oder durch unnötige
und überflüssige Zierraten zu hemmen.* [70] In späteren Äußerungen setzte

80

Gluck. Lithographie von Langlumé nach Maurin

Gluck nach: bei jedem Drama, das zu vertonen wäre, versuche er zunächst zu vergessen, daß er Musiker sei. Mozart dagegen nannte die Operndichtung «der Musick gehorsame Tochter»[71].

Wie *Orfeo ed Euridice* indes, wie das gesamte Reformwerk ist auch die *Alceste* implizit eine Oper über Sprache und das Sprechen. Gluck und seine Librettisten zeigen Macht und Ohnmacht der Rede, Verführung

81

Joseph von Sonnenfels

und Verletzung durch das Wort. Beredt wird ab jetzt die Musik, die des Wortes kaum mehr bedarf: «seine» – Glucks – «Töne reden selbst den Gedanken». Musik ist die ausdrucksvolle, mächtigere Sprache, die des Innern. Orpheus wurde die Rede verboten; Admet, der Mann Alkestis', hört nicht das Ungesprochene der Rede seiner Frau. Um seinetwillen nahm sie den Tod auf sich. Sie opfert sich, um das Göttergebot zu erfüllen und Admet zu retten. Ein Orakel verkündete, daß Admet von tödlicher Krankheit genesen würde, wenn jemand an seiner statt in den Hades einginge. Alkestis ist betrübt, überhaupt ihrem Mann noch sagen zu müssen, daß sie es sei, die seine Rettung erwirkt habe. Die Reaktion des Verzweifelten aber und seine Sprache werden verletzend: *Wann je erbat ich von dir solchen Liebesbeweis? Wann? Antworte, zerreiß mir das Herz! Aber wohin, oh Gott, führt mich über den Schmerz hinaus der verzweifelte Ge-*

danke? Nein, soweit mache sich der Menschen Wahn nicht zum Werkzeug des Himmels. Und dann doch: *Du bist mein; du kannst nicht über dich verfügen, wenn ich's nicht gutheiße.*[72]

Gluck selbst hielt die *Alceste* für sein schwerstes und anstrengendstes Werk. Während der Umarbeitung zur französischen Fassung schrieb er an du Roullet: *Ich selbst komme beim Durchlesen vor Erregung beinahe um den Verstand. Die Nerven bleiben zu lange gespannt, und die Aufmerksamkeit läßt vom ersten bis zum letzten Wort nicht nach.*[73] Die Zuhörer bei der Premiere in Wien wuden offenbar in einer Weise dagegen geschützt, die nicht erst heute anmaßend und verletzend wirkt. Khevenhüllers Zeugnis, zugleich das der Konservativen: «Am 26. December wurden die Spectacles gewöhnlichermaßen wiedereröffnet und auf dem Theater bey Hof eine neue Opera *Alceste* genannt, von der Composition des Cav. Gluck producieret, wozu der Herr Calzabigi das Libretto gemacht, so über die Maßen abermahls pathétique und lugubre ausgefallen; par bonheur ware zum Schluß ein ballet de Mr. de Noverre dans le goût grotesque, das einen ungemeinen Applaus gefunden.»[74]

Joseph von Sonnenfels aber, Staatsrat, Aufklärer, politischer und Theater-Reformer, Verfasser der «Briefe über die Wienerische Schaubühne», erkannte die Neuheit: «Ich befinde mich in dem Lande der Wunderwerke. Ein ernsthaftes Singspiel ohne Castraten, eine Musik ohne Solfeggien, ein wälsches Gedicht ohne Schwulst und Flitterwitz – mit diesem dreifachen Wunderwerk ist die Schaubühne nächst der Burg wieder eröffnet worden.»[75] Die Musik sei «in den Händen eines Mannes, der die Tonkunst nicht bloß in einer studierten Reihe von Akkorden und Auflösungen bestehen läßt, sondern die Accente der Leidenschaft und der Seele aufzufinden und dadurch den Gesang ausdrucksvoll und redend zu machen weiß»[76].

Ein Jahr darauf, 1768, hatte man in Mailand eine erweiterte Fassung der *Alceste* geplant und 1769 dann aufgeführt, mit Zusatztexten von Giuseppe Parini und zusätzlicher Musik von Pietro Alessandro Guglielmi. Die Kritik daran von Calzabigi ist bezeichnend für seinen eigenen und Glucks Anspruch. Mit Metastasio-Dramen so zu verfahren – sie zu zerlegen, deren Arientexte umzudichten – war Usus. Seit der eigenen *Alceste* galt das offenbar nicht mehr und wurde illegitim: «Das Gewissen des Schreibenden lehrt, an anderer Werke nicht Hand anzulegen. Eher noch könnte man kürzen denn verlängern. Die Kühnheit also, Verse einzurichten, darf man als dichterische Unverschämtheit bezeichnen und als unverzeihlichen Hochmut. Und mehr braucht man über die [Mailänder] *Alceste*, deren Flickwerk und neue Verse sich zum ewigen Gespött gemacht haben, nicht zu sagen.»[77]

Daß Calzabigi oder Gluck ein Vorwort zur *Alceste* schrieb, mag den literarischen Untersuchungen, den «Saggi», den «Lettres» zu verdanken sein, die, in jenen Jahren von gelehrten Dilettanten, Philosophen und

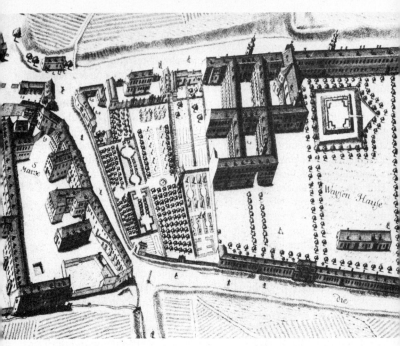

Glucks Wohnhaus am Rennweg in Wien (das vorletzte Haus vor der Ecke Landstraßer Hauptstraße). Aus dem zeitgenössischen Plan von Josef Daniel von Huber

Künstlern verfaßt, die Zeit des Umbruchs heraufbeschwören. Zu den wichtigsten Vorläufern des *Alceste*-Vorworts zählt der «Saggio sopra l'opera» des italienischen Grafen Francesco Algarotti. Algarotti, der auch als Architektur-Theoretiker hervortrat, nahm am Hof und Theater in Parma etwa die Stelle ein, die Durazzo oder Calzabigi in Wien ausfüllten: die der Grauen Eminenz. «Sein» Komponist war dort Tommaso Traetta. Algarotti hatte eine «Iphigénie en Aulide» als Muster eines zu vertonenden Opernstoffs verfaßt, was nicht ohne Einfluß auf Gluck bleiben sollte. Einige seiner ästhetischen Forderungen sind fast wörtlich in das *Alceste*-Vorwort Glucks übernommen. Es ist anzunehmen, daß Calzabigi die französische Übersetzung von Algarottis Traktat während seiner Pariser Zeit kennengelernt hatte. Algarotti hatte allerdings, im Gegensatz zum Wiener Kreis um und nach Durazzo, nichts gegen Metastasianische Opern. Was er bekämpfte waren Mißbrauch und Auswüchse, nicht die Sprache und Dramaturgie.

Nach der *Alceste* – die Familie Gluck war inzwischen in die Wiener Markusvorstadt in ein Haus am Rennweg gezogen – trat der Meister zunächst mit Bearbeitungen früherer Werke an die Öffentlichkeit. Im Sommer 1768, dem Jahr des Umzugs, veröffentlichte Gluck die Umarbeitung seiner *Innocenza giustificata*, deren Rezitativtexte noch von Durazzo stammten, als *La Vestale*. Die Partitur hat sich nicht erhalten. Das nächste öffentliche Auftreten Glucks mit einem eigenen Werk war in Parma, dem Sitz des gleichfalls der Reform zugewandten Theaters, wo Algarotti wirkte. Engste Verbindung zum Wiener Hof hatte diesen Auftrag und seine Annahme für Gluck unausweichlich gemacht. Zur Hochzeit der Erzherzogin Maria Amalia, dem Apoll des *Parnaso* und der Atalanta der nie

Friedrich Gottlieb Klopstock. Gemälde von J. H. W. Tischbein

aufgeführten *Corona* von 1765, mit dem Infanten Ferdinand von Spanien schrieb Gluck die *Feste d'Apollo.* Wenig kann Gluck an dieser Aufgabe gereizt haben; es war der letzte Hofauftrag aus Wien, den er annahm. Ein Prolog und drei Akte bilden das Werk, das am 24. August 1769 Premiere hatte. Der letzte Akt ist nichts anderes als der ohne Pause aufgeführte, für den Soprankastraten Giuseppe Millico aus der Altlage umgeschriebene *Orfeo,* jetzt *Atto d'Orfeo* genannt. Den Prolog, den ersten *Atto di Bauci e Filemone* und den zweiten *Atto d'Aristeo* komponierte Gluck keineswegs neu – was nach dem *Orfeo* und der *Alceste* auffällt –, sondern übernahm in alter Manier mehr als die Hälfte aus früheren Opern.

Scheinbar als erste Berührung mit einer gewiß naheliegenden, später als Absicht auch formulierten deutschen National-Oper – die er nie schuf, die zu begründen Mozart mit vorbehalten war –, kann Glucks Auseinandersetzung mit Klopstock begriffen werden. Sie unterbricht den Kreis der italienischen Opern. 1769 war als «vaterländischer Gesang» von Klopstock die «Hermanns Schlacht» erschienen, ein «Bardiet für die Schaubühne», gewidmet Joseph II. Ein großer Teil dieser lyrischen, an äußerer Handlung armen Dichtung besteht aus den Bardengesängen. Diese Gesänge waren es, die Gluck vertont hatte oder vertonen wollte. Der undramatische Charakter des Stücks schließt aus, daß Gluck es als Ganzes zur Vorlage einer Oper hätte wählen können. Komponiert hatte er in seiner Manier: keine Note davon war niedergeschrieben, gleichwohl waren die Stücke fertig im Kopf. So schuf er, wie er äußerte, auch ganze Opern, ehe er sie notierte. In diesem Jahr 1769 schrieb Klopstock an Gleim: «Gluck in Wien, der nach dem Ausspruch eines großen Kenners der einzige Poet unter den Komponisten ist, hat einige Strophen aus den Bardengesängen mit dem vollen Ton der Wahrheit ausgedrückt.» [78]

Ein Ohrenzeuge war Johann Friedrich Reichardt, der Komponist, Musikkritiker und Reiseschriftsteller. Im Sommer 1783 war er bei Gluck. Damals «setzte Gluck sich... an den Flügel und sang mit schwacher und rauher Stimme und gelähmter Zunge, sich mit einigen Akkorden begleitend, mehrere jener originellen Kompositionen... Zwischen den Gesängen aus der Hermanns-Schlacht ahmte Gluck mehrmalen den Hörnerklang und den Ruf der Fechtenden hinter ihren Schilden nach; einmal unterbrach er sich auch, um zu sagen, daß er zu diesen Gesängen erst noch ein eigenes Instrument erfinden müsse.» [79] Gluck glaubte in seinen späteren Jahren, *obschon nun die Hermannsschlacht meine letzte arbeit seyn wierd... das sie nicht die unbedeitenste von meinen productionen seyn wierd, weilen ich den Haubtstoff darzu gesammlet habe, in der Zeit, Ehe mir das alter die Denckungskrafft geschwächet hat*[80], wie er im Mai 1780 in seinem letzten Brief an Klopstock schreibt.

Überliefert ist von diesen Bardengesängen nichts. Dafür sind andere Kompositionen nach Klopstock-Texten erhalten, nämlich sieben *Oden* – die tatsächlich komponierte Zahl ist größer. Diese *Oden* sind kurze kam-

86

mermusikalische, intime Werke von liedhaftem Duktus, in einfachster Satzart. Nach dem Gluck-Biographen Alfred Einstein sind sie deshalb ein «Protest gegen die Arie, gegen das Arioso»[81]. Die aus dem musikdramatischen Werk überlieferte Schnörkellosigkeit der Vokallinie wie auch der instrumentalen Begleitung wird in diesen zarten Gesängen weit übertroffen. Keinem festen Liedschema fügen sie sich ein. Neben der strophischen findet sich die aus dem Opernrezitativ stammende freie, deklamatorische Vertonung, wie die *Neigung* sie aufweist:

Zu Zeiten der Klopstock-Auseinandersetzung war Gluck tatsächlich wenig am «National-Schauspiel» interessiert, wie sein Verhalten als zeitweiliger Theaterleiter zeigte. Giuseppe d'Affligio wollte das zu teure französische Theater, das stets leer blieb, auflösen, Kaunitz aber bestand auf der vertragsgemäßen Weiterführung. Giuseppe d'Affligio nahm sich zwei Mitdirektoren, deren einer Gluck war. Man suchte zu sparen und dem Hof gleichwohl gefällig zu sein. Gluck plante deshalb, die feste deutsche Schauspieltruppe aufzulösen und statt dessen gelegentlich freie, reisende Truppen zu engagieren, um die fixen Kosten zu drücken. Mit diesem unglücklichen Wunsch, der sich nicht durchsetzen ließ, opponierte er allerdings gegen sämtliche Bestrebungen des Hofes, Sonnenfels' und anderer, ein deutsches Nationaltheater in Wien aufzubauen. Zudem hatte er, wie er an den Kaiser schrieb, die enorme Summe von 27000 Gulden zugesetzt, seine und seiner Frau Gesundheit und das Vermögen ruiniert. Zum Glück für alle Beteiligten fand sich bald ein weiterer Magnat, der helfend einsprang.

Das Engagement als Theaterleiter wie auch die Schwierigkeit, weitere, zur Vertonung geeignete Texte zu finden, mögen das lange künstlerische Schweigen Glucks bewirkt haben. Am 3. November 1770 erschien seine letzte gemeinsame Arbeit mit Calzabigi: *Paride ed Elena*. Wieder ist es ein Werk, in dem sich – dem *Orfeo* vergleichbar – äußere Form und innere Entwicklung durchkreuzen. Mehr noch als in den beiden Reform-Vorgängern ist hier die Handlung auf Intimität konzentriert. Die äußere Form aber ist die Fünfaktigkeit; eine Dramaturgie, die eigentlich dem klassischen französischen Drama mit seiner Haupt- und Staatsaktion zukommt. Die ausschließlich innere Handlung von *Paride ed Elena* besteht

*Helena und Paris.
Gemälde von Jacques-Louis David*

einzig im Gespräch, in der Überredung Paris', der Helena zur Flucht nach Troja bringen will. Am Ende hat er Erfolg: sie kommt mit. Anspruch der großen Oper mit ihrem Orchester-, Chor- und Ballett-Aufwand stehen in seltsamem Gegensatz zum Zwei-Personen-Stück, als das man *Paride ed Elena* bezeichnen kann.

Auch dieses Werk ist zugleich eine Oper über Sprache: die Macht des Redens erscheint begrenzt. Einem Reden, das als Überredung, als Mittel der Verführung eingesetzt ist, wird die ungleich stärkere Macht der Musik

gegenübergestellt. Paris soll am Hofe Helenas ein Beispiel der verführerischen asiatischen Musik geben: Helena weiß um die Sprödigkeit der spartanischen Kunst. Und erst mit der auf Bitten der Spartanerin angestimmten Canzone kann Paris die angebetete Helena erreichen und ihren Widerstand überwinden. Einige Motive dieser Oper haben da Ponte und Mozart später in ihren «Don Giovanni», in «Così fan tutte» übernommen: das des betörenden Liebesgesangs, das der fingierten Ohnmacht und das der sich daraus ergebenden vermeintlichen Pflicht zum Beistand. Gluck geht insofern über «Così» hinaus, als in *Paride ed Elena* das Eingeständnis der neuen Liebe zur Trennung des alten Verhältnisses führt.

Von der neuen Rolle der Musik – einer psychologisch bestimmten – leitet sich ihre sparsame Verwendung an dramaturgischen Höhepunkten der Gluckschen Reformwerke ab. Sie ist dort nicht, wie zu erwarten wäre, musikalisch im Sinne einer technisch avancierten Ausarbeitung, sondern zurückgeführt auf ihre (diatonischen) Wurzeln: die Schlichtheit der Gesänge, mit denen Orpheus den Hades und Paris seine Helena überwindet, ist mit ihrer dreiklangsbrechenden Harfenbegleitung gerade so ungewöhnlich und auffällig wie die Verwendung des Tremolo an den Kulminationspunkten der Handlung, den Momenten der höchsten Erregung und Verzweiflung, an denen also gleichfalls musikalisch-thematische Ausarbeitung aussetzt. Damit aber verhält sich Glucks Musik in ihren eigentlichen Momenten – denen, in welchen sie einerseits als Kunst sich zu erkennen gibt und vorgeführt wird, andererseits Mittel zu Darstellung größter seelischer Verwirrung ist –, also gerade so, wie es fortgeschrittener ästhetischer Anschauung entsprach. Denn gleichsam auf ihre Essenz begrenzt will sie, als Sprache der Innerlichkeit, bloßlegen, was den Menschen – ihren Produzenten und Rezipienten – essentiell bestimmt. Der fast rudimentäre Gestus also, der Charakter vermeintlicher Kunstlosigkeit ist an den musikalisch-dramatischen Höhepunkten in Wahrheit Ausdruck fortgeschrittener Kunst-Theorie.

Die künstlerische Widersprüchlichkeit von *Paride ed Elena*, der große Aufwand für die Intimität der Vorgänge, mußte Konsequenzen haben: das Unopernhafte des Stücks führte dazu, daß es kaum aufgeführt wurde. Was wiederum die Folge hatte, daß diese Reformoper als einzige gleichsam ausgeschlachtet wurde, Gluck also dieses unverstandene Werk in späterer französischer Zeit als musikalische Vorratskammer benutzte. Sonst griff er nie zu den Melodien des Reformwerks, die, einmal dort angekommen, diesen Platz behielten. Gluck beklagte sich über das Mißverständnis, das seinen Werken entgegengebracht wurde. Im Vorwort, der Widmung des *Paride* an Giovanni Herzog von Braganza, einen der Aristokraten, die zum Wiener Reform-Kreis gehörten, wird deutlich, daß schon der *Orfeo* falsch dargestellt und aufgenommen wurde: *Es ist fast nichts notwendig, daß aus meiner Arie im Orfeo: ‹Che farò senza Euridice› ein Springtanz... wird, nur eine geringfügige Veränderung in der Art des Ausdrucks.*[82]

Es schien unvermeidlich, daß nach der *Alceste*, die so sehr «lugubre» und «pathétique» war, der vollkommen gegenteilige Charakter des *Paride* für Verwirrung sorgte. Für Gluck blieb das nicht ohne Konsequenzen: *Deshalb ist die Anwesenheit des Komponisten bei der Aufführung... sozusagen ebenso notwendig wie die Gegenwart der Sonne bei den Schöpfungen der Natur. Er ist da durchaus die Seele und das Leben, und ohne ihn bleibt alles in Verwirrung und Dunkel.*[83] Hier bricht unvermittelt die unlängst formulierte Genielehre durch, die dem Künstler kraft intuitiver Schau «prometheische», also göttliche, schöpferische Fähigkeiten zuerkennt. Der Anwesenheit des Komponisten bedarf es, weil die Notation nicht an Feinheiten der Belebung, der Aufführung heranreicht: *...allein die Bekleitung derer Instrumenten begehren so viele anmerckungen, das ohne meiner gegenwart nichts anzufangen ist, wenige noten müssen gezogen, andere gestossen, diese halbstarck, jene stärcker oder schwächer producirt werden, ich geschweige das mouvement anzudeiten zu können, Ein wenig längsammer oder geschwinder verderbt Ein gantzes stück.*[84]

Zu keinem Zeitpunkt verbirgt Gluck den Anspruch, der erste der Neuerer zu sein, wie auch das Vorwort zu *Paride ed Elena* belegt: *Der einzige Grund, der mich bewogen hatte, meine Musik zu ‹Alceste› im Druck zu veröffentlichen, war die Hoffnung, Nachfolger zu finden... Ich bedaure, es bisher vergebens versucht zu haben... Ich erhoffe mir mit meinem ‹Paride› keinen größeren Erfolg als mit ‹Alceste›, was meine Absicht anbelangt, bei den Tonsetzern die gewünschte Wandlung hervorzubringen, sehe vielmehr immer größere Hindernisse voraus, aber ich werde mich nicht abhalten lassen, neue Versuche für den guten Zweck anzustellen.*[85]

Angesichts dieses hohen künstlerischen Selbstbewußtseins nimmt sich der Versuch eher merkwürdig aus, die eigene Leistung auch von der unbestrittenen, von Freund und Feind anerkannten obersten Autorität, dem «padre di tutti i maestri», von Padre Martini attestiert zu erhalten: *Ihr Urteil könnte mehr als alles, was ich in der Widmung der Alceste gesagt habe, dazu dienen, den Meistern dieser edlen Kunst diese Grundwahrheiten einzuprägen und auf dem Musiktheater eine so vernünftige Reform herbeizuführen, von der es scheint, daß sie seit langer Zeit von den erlauchtesten... Persönlichkeiten vergebens erwartet und erhofft wird.*[86] Das eigene Verdienst ist für Gluck trotzdem klar: *Es wird für mich immer eine angenehme Genugtuung sein, einen ersten Schritt getan zu haben, sie* (die Reform) *zu versuchen und dabei außer der Zustimmung durch das Publikum auch jene des ersten Lichts des Jahrhunderts erhalten zu haben*[87], womit der greise Bologneser Meister gemeint ist. Dessen Antwort auf Glucks Ersuchen ist nicht überliefert.

Bald 60 Jahre war Gluck alt, selber schon fast zur Legende geworden, und so wie er Padre Martini in Bologna besuchte, besuchte man ihn, den «Poeten unter den Komponisten». Charles Burney, der Musikgelehrte, Verfasser eines mehrbändigen musikalischen Reiseberichts durch Europa, war einer der prominenten Gluck-Besucher. Damit auch einer der Zeitgenossen, die die offenbar ungewöhnliche Gesangskunst der Gluck-Nichte Marianne, die an Kindes Statt im Haus lebte, bezeugen konnten: Gluck «begann damit, seine Nichte, die erst dreizehn Jahr alt ist, auf einem schlechten Flügel, in... Scenen... seiner berühmten Oper *Alceste* zu accompagnieren. Dieses junge Frauenzimmer hat eine starke, wohltö-

Charles Burney

nende Stimme, und sang mit unendlich vielem Geschmacke, Empfindung, Ausdruck, und selbst schwere Dinge. Nach diesen... Scenen... sang sie noch einige andere von verschiedenen Komponisten... besonders aber von Traetta.»[88] Gluck hatte demnach Traetta als Mitstreiter akzeptiert.

Charles Burney traf Gluck in guter Stimmung: «Er war so aufgeräumt, daß er seine Oper *Alceste* fast ganz durchging, auch verschiedene andere vortreffliche Stellen» spielte, zum Beispiel «aus einer französischen Oper, nach Racines ‹Iphigénie›, die er eben komponiert hatte», was besagen will, daß «er zwar noch keine Note zu Papier gebracht... sie aber in seinem Kopfe schon so völlig ausgearbeitet»[89] hatte, daß er sie vorspielen konnte. Und das heißt, daß nach der «italienischen» Phase Glucks – die er

1770 mit der Aufführung aller drei italienischen Reformwerke gleichsam symbolisch beendet hatte – sich der Komponist auf Paris eingestellt hatte, auf die Metropole, die (um Walter Benjamin zu paraphrasieren) wohl auch die «Hauptstadt des 18. Jahrhunderts» war. Unverständnis in Wien, Hader mit den dortigen künstlerischen Verhältnissen und dem Geschmack des Kaiserhauses mögen den Entschluß zum Abschied befördert haben. Die frühe Existenz aber der *Iphigénie en Aulide*, die Burney für 1772 bezeugt, belegt ein weiteres Mal die Planmäßigkeit Glucks. Lange vor dem Eintreffen in Paris war das Werk fertig, mit dem er die Bastion zu stürmen, Paris zu erobern gedachte. Zunächst aber sollte noch die Hauptstadt publizistisch vorbereitet werden: auch das nahm der Meister in die eigenen Hände. Was dann folgte, darf man – sofern man künstlerische Absicht und musikalische Produktion; Proben und Aufführungen; Rezeption und Kritik betrachtet – als den Beginn der modernen Musikgeschichte erkennen.

Die Eroberung von Paris

«Am 19. [April 1774] hatten wir die erste Vorstellung der *Iphigénie*...
man kann nicht mehr von etwas anderem reden. In allen Köpfen herrscht
infolge dieses Ereignisses eine Gärung, so außerordentlich als man sich
nur vorstellen kann: – es ist unglaublich, man entzweit, man bekämpft
sich, als ob es sich um eine religiöse Angelegenheit handelt; es gibt am
Hofe, obgleich ich mich öffentlich zugunsten dieses genialen Werkes ausgesprochen habe, Parteiungen und Auseinandersetzungen von besonde-
rer Lebhaftigkeit, und in der Stadt scheint es noch ärger zuzugehen.» [90]
Gluck ist nach diesem Zitat Marie-Antoinettes der Schöpfer dessen, was
Richard Wagner «Kunstreligion» nennen sollte: ein weiterer Grund für
den Schöpfer des «Rings» – hätte er ihn gekannt –, sich Gluck zuzuwen-
den. Zu Beginn seiner Komponistenlaufbahn bearbeitete Wagner dann ja
die *Aulische Iphigenie*.

Von Wien aus wurde die «Eroberung» vorbereitet. Erst Glucks Librettist, Bailly François Louis Le Blanc du Roullet, dann Gluck selbst hatten
in offenen Briefen an den «Mercure de France» der Pariser Operndirektion unter Antoine d'Auvergne den Wunsch nahegebracht, eine Oper für
Paris zu schreiben. Angesichts der Berühmtheit des Sechzigjährigen war
dies ein recht verwunderliches Verhalten. In seinem ersten Beitrag zu
dem, was sich später zum «Gluckisten–Piccinisten»-Streit auswachsen
sollte, beruft sich Gluck, der seine *Iphigénie* anbietet, auf Rousseau: *Ich
bekenne, daß ich sie gerne in Paris herausgebracht hätte, denn durch ihre
Wirkung und mit der Hilfe des berühmten Genfers M. Rousseau, den ich
konsultieren würde, könnte man vielleicht gemeinsam – indem wir eine
edle, empfindsame und natürliche Melodie suchen, und mit genauer Deklamation gemäß der Prosodie einer jeden Sprache und dem Volks-Cha-
rakter – die Mittel bestimmen, die ich im Sinn habe, um eine Musik zu
erschaffen, die allen Nationen eignet und die die lächerlichen Unterschiede
nach nationaler Musik verschwinden läßt.* [91] Glucks Rechnung auf Rousseaus Einstimmen sollte aufgehen. Und nicht nur diese: die Zusage aus
Paris konnte nicht positiver sein. Gluck möge, damit die Direktion die
Iphigénie annehmen könne, noch fünf weitere derartige Werke liefern, da
deren neue Art den Spielplan zerstöre, Altes daneben nicht mehr bestehen könne. Gluck willigte ein.

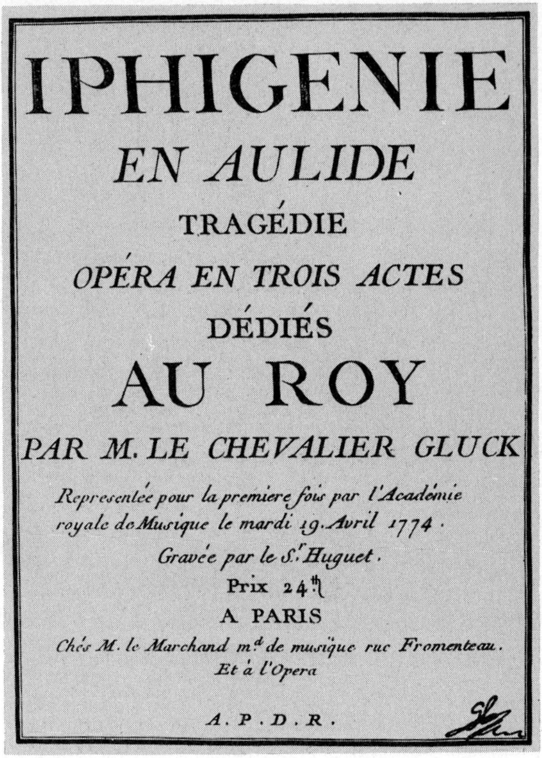

IPHIGENIE
EN AULIDE
TRAGÉDIE
OPÉRA EN TROIS ACTES
DÉDIÉS
AU ROY
PAR M. LE CHEVALIER GLUCK

Representée pour la premiere fois par l'Académie
royale de Musique le mardi 19. Avril 1774.
Gravée par le S.ʳ Huguet.
Prix 24.ᵗ
A PARIS
Chés M. le Marchand mᵈ de musique rue Fromenteau.
Et à l'Opera

A . P . D . R .

Titelblatt des Erstdrucks

Am 8. Juni 1772 war Marie-Antoinette aus Wien in Paris eingetroffen –
sie wurde die Frau des Dauphins –, am 1. Oktober veröffentlichte der
«Mercure» den ersten Brief du Roullets, noch von Wien aus lanciert. Am
1. Februar 1773 setzte Gluck nach; er erbat sich nach der Zusage aus Paris
in Wien Urlaub für ein Jahr und traf im November in der französischen
Hauptstadt ein. «Ähnliche Zielstrebigkeit und ähnliches Geschick...
wird man schwerlich bei einem der anderen großen Meister finden.»[92]
Marie-Antoinette war als einstige Gesangsschülerin Glucks nun eine der
wichtigsten Personen für ihn in Paris. Sie auch war es, die die Aufführung
der *Iphigénie* durchsetzte. Und Paris geriet ins Gluck-Fieber.

Glucks Auftreten wirkte wie eine Sensation, und schon die Proben
wurden ungewohnterweise zum Spektakel. «Nunmehr wohnte den Proben auch das Publikum bei. Man äußerte sich sehr verschieden über
Glucks Oper, und die Hauptstützen des nationalen Lieblingstheaters

Gluck bei Marie-Antoinette. Gemälde von E. Hamman, 1774

bangten, daß der teutonische Neuerer den Ruhm ihrer Götzen Lully und Rameau verdunkle... Die Musikfreunde, die sich über diese, den Ruhm der Nation gefährdende Neuerung selbst ein Urteil zu bilden wünschten, liefen in die Proben; solche, die das Stück anlockte, strömten in Menge herbei, um sich in diesem großen Streite zu Richtern aufzuwerfen, und ergriffen mit einer Leidenschaft dafür oder dagegen Partei, als stünde das Heil des Landes auf dem Spiel.»[93]

Die Proben waren für die Sänger, den Chor und das Orchester so neu und verletzend, daß Mannlich als Vermittler dazugebeten wurde, um Gluck «in den von der französischen Höflichkeit geforderten Schranken zurückzuhalten und die Animosität des Orchesters und vor allem der Sängerinnen gegen ihn zu mildern»[94]. Gluck kanzelte langjährige erste Kräfte der Oper ab: *Um größere Arien zu singen, muß man erst singen können; daher habe ich eine Ihnen und Ihren Kräften entsprechende Musik geschrieben. Versuchen Sie gut zu sprechen, mehr verlange ich von Ihnen nicht, und denken Sie vor allem daran, daß Schreien nicht singen heißt.*[95] Ähnlich ging Gluck mit dem Orchester um, und Mannlich hat Grund zur Sorge: «Des öfteren sah ich im Geiste den Augenblick voraus, wo ihm alle Geigen und anderen Instrumente an den Kopf fliegen würden.»[96] Der

Mißmut mit dem Pariser Opernorchester wurde allerdings auch von Rousseau geteilt, der früher eine bissige Satire dazu verfaßt hatte. Wohl die Generalprobe der neuen Oper Glucks hatte Rousseau gesehen; umgehend schrieb er an ihn: «Eben komme ich entzückt aus der Probe Ihrer Oper *Iphigénie*. Sie haben in die Tat umgesetzt, was ich bis heute für unmöglich gehalten habe.»[97] Der Philosoph war vom Glauben geheilt, die französische Sprache tauge unmöglich zur Vertonung.

Am 19. April 1774 war die Premiere: «Die Billetts waren an der Kasse durch Zwischenhändler aufgekauft worden, die sie um das Doppelte und Dreifache auf den Straßen und in den Kaffeeschenken an den Mann brachten.»[98] Seit 11 Uhr vormittags waren die Eingänge der Académie belagert, die Polizei sorgte für Ordnung. Der Hinweis Marie-Antoinettes über den quasi-religiösen Charakter des Ereignisses wurde durch das irrationale Verhalten bestätigt, das danach ausbrach. Nicht allein die «querelle» ist gemeint, die weit über ihren Gegenstand hinausschoß und ihn zum bloßen Anlaß nahm, sondern auch die Tatsache, daß als Reaktion auf das Werk Glucks Moden entstanden. Der «Poet unter den Komponisten» hatte tiefere Seelenschichten angesprochen. Mit schwarzen Blumen bekränzte Haare, ein «croissant de Diane», wohl ein halbmondförmiges Diadem darüber, ein Schleier, der über den Hinterkopf herabfiel: das nannte man «à l'Iphigénie»[99]. Und Gluck wurde selber zum Mittelpunkt der Gesellschaft in den einflußreichsten Salons.

Auch die Gegner müssen zähneknirschend Glucks Sieg auf der ganzen Linie anerkennen, so der Baron Grimm, dessen Urteil öfters schwankte: «Seit vierzehn Tagen denkt man in Paris nur noch an Musik und träumt von ihr. Sie ist Gegenstand all unserer Dispute, all unserer Unterhaltungen, sie ist die Seele unserer Soupers; und es wäre geradezu lächerlich, wollte man sich für etwas anderes interessieren... Muß man übrigens noch sagen, daß an dieser ganzen Aufregung Ritter von Glucks *Iphigénie* schuld ist?»[100]

Daß Gluck mit der *Iphigénie* seine Pariser Theaterlaufbahn begann, beruhte auf strategischen Überlegungen. Der Stoff der *Iphigénie* war als idealer Opernstoff von Diderot und Algarotti längst empfohlen worden, was Gluck nicht unbekannt war. Anders allerdings als das hinter diesen Empfehlungen sich verbergende direkte Vorbild der Racineschen Tragödie kennt die Glucksche *Iphigénie* nicht das Einstimmen Iphigenies in den Beschluß des Vaters Agamemnon um der Staatsraison willen. Sie wurde im Mythos um den Preis günstigen Seewinds zur Opferung bestimmt. Iphigenie willigt bei du Roullet und Gluck ein, um den Konflikten des Vaters ein Ende zu bereiten; um den Vater vor dem Zorn des Achilles zu retten. Ihr Schmerz ist so persönlich gefühlt wie der Alcestes, die weniger als Heldin denn als Mutter gezeichnet wurde. Gleichzeitig weiß sich Iphigenie als Unschuldige eines besseren Schicksals würdig. Das entsprechende Es-Dur-Air, das diese Ahnung ihrer Opposition ausdrückt, hat

Wagner, der auf «Rettung durch das Weib» aus war, bezeichnenderweise in seiner Bearbeitung unterschlagen.

Im Reformwerk Glucks kollidieren die Ansprüche des bürgerlichen Trauerspiels mit denen der klassischen Tragödie, und diesen Konflikt spürte Gluck. Er äußerte später – anläßlich der Umarbeitung seiner italienischen *Alceste* –, daß dieser eigentlich ein anderer, tragischer Schluß gebühre. In Glucks Werken aber läßt sich vielleicht ablesen, wie die Protagonisten darum ringen, aus der «selbstverschuldeten Abhängigkeit» – um Kant zu paraphrasieren – herauszukommen. Und in diesem Sinne formuliert gerade die *Iphigénie en Aulide* einen entscheidenden Schritt. Denn einzig die trotzige Gegenwehr Achills, der am Opferaltar in letzter Sekunde Iphigenie wegreißt, scheint das Einlenken der Götter und ihres Priesters Calchas zu erzwingen. Iphigenie erhält von Diana, der sie geopfert werden sollte, Milderung gewährt. Nicht den Tod auf dem Altar solle sie sterben, sondern selber Opferpriesterin werden. Aber nicht die Göttin selbst verkündet dies in der ersten Fassung Glucks, sondern der Oberpriester. Er wird solcherart zu einer geheimnisvollen, fädenziehenden Figur, einer Grauen Eminenz, die einzig zu Beginn und zum Schluß des Stücks erscheint. Der Geheimnisvolle löst am Ende eine Handlung auf, die dadurch den Anschein der Unwirklichkeit erweckt: als sei sie gleichsam nicht so gemeint gewesen. Fast ist es, als würde Vergangenes für nichtig erklärt, als würde die Chance gewährt, noch einmal – auf anderer Ebene – einen neuen Anfang und einen neuen Weg zu wagen.

Dieser erste Schluß aber wurde mißbilligt und im folgenden Jahr 1775 erschien das Werk mit einem von Gluck geänderten. Diana erscheint selbst und verkündet das neue Schicksal Iphigenies. Damit näherten sich die Autoren dem antiken, euripideischen Vorbild an, das diese dea ex machina einführte. Die Schlüsse eigentlich aller Gluckschen Reformwerke waren indes von Anfang an der zum Teil bissigen Kritik ausgesetzt; besonders kraß der der *Alceste*. Einzig die «klassischste» der Opern, die *Taurische Iphigenie*, ist von dieser Kritik fast ausgenommen. So erscheint Gluck als der erste große Komponist, der mit dem konfrontiert wurde, was spätestens seit Beethovens Symphonien, spektakulär dann bei Wagners «Ring» als sogenanntes Finalproblem auftaucht: das dramatisch stimmige und künstlerisch überzeugende Ende, das nicht als billige Versöhnung erscheint.

Der von der Pariser Bevölkerung und Presse begleitete jähe Aufstieg der *Iphigénie* wurde genauso jäh durch den Tod Ludwigs XV. unterbrochen. Von der folgenden Gluck-Premiere allerdings wurde der Erfolg mehr als eingeholt. Auch hier waren bereits die Proben so attraktiv, gerade so wie die «originalité tudesque»[101], die offenbar ungewohnt polternde und herrische Art des Teutonen, daß mehreren Tausend Besuchern allein der Zugang zu den drei Schlußproben verwehrt werden mußte. Am 2. August 1774 war die Premiere des schon in Wien umgear-

> *ORPHÉE*
> ET
> *EURIDICE,*
> DRAME-HEROIQUE
> *EN TROIS ACTES;*
> REPRÉSENTÉ
> *POUR LA PREMIÈRE FOIS*
> PAR L'ACADÉMIE ROYALE
> *DE MUSIQUE,*
> Le Mardi 2 Août 1774.
>
> PRIX XXX SOLS.
>
>
>
> *AUX DÉPENS DE L'ACADEMIE.*
> A PARIS, Chés Delormel, Imprimeur de ladite Académie, rue du Foin, à l'Image Sainte Genevieve.
> *On trouvera des Exemplaires du Poeme à la Salle de l'Opera.*
>
> M. DCC. LXXIV.
> *AVEC APPROBATION ET PRIVILEGE DU ROI.*

Titelblatt des Erstdrucks

beiteten *Orphée et Euridice*, des für den Tenor Le Gros umgeschriebenen und um etliches erweiterten *Orfeo*. Im kleinen Kreis eines Salons war zuvor eine Privataufführung gegeben worden. Anwesend waren, am Ausgangspunkt des bald ausbrechenden Streits, andere Komponisten wie Grétry und Philidor, zwei Tonsetzer des komischen Genres. Vor allem aber waren einige Literaten da, die in der Auseinandersetzung die Positionen von Freund und Feind einnahmen. Als Freunde waren der Abbé François Arnaud und Jean-Baptiste Suard dabei, beides Mitglieder der Akademie der Wissenschaften; als Gegner: die Schriftsteller Jean-François Marmontel und Jean-François de La Harpe. Zuneigung und Ablehnung standen lange vor dem Eintreffen Glucks in Paris fest. Für Männer wie Grimm, d'Alembert, Marmontel und einige einflußreiche Dilettanten galt als ausgemacht, daß die Reform der französischen Oper einzig von einem Italiener kommen könne. Man dachte an Traetta, an Paisiello;

aber Traetta schien nach einem jahrelangen Rußland-Engagement zu alt, um sich dem von allem Anfang an beabsichtigten Zwist in Paris einfügen zu lassen, und Paisiello hatte noch nicht genug Ruhm. Bis man dann Piccini holte, hatte Gluck längst seine Position gefestigt.

Der Erfolg Glucks nach dem *Orphée* muß sprichwörtlich gewesen sein. Schon damals rührte das unbegreifliche, fast überirdische *J'ai perdu mon Euridice* mit seinem Schmerz und seiner Transzendenz das «empfindsame» Zeitalter zu Tränen. Die Fama berichtet von Rousseau, dessen musikalische Kennerschaft von Gluck anerkannt wurde: «Eines Tages, da er der Vorstellung des *Orpheus* zum vierzigsten Mal beigewohnt hatte, sahen ihn einige Liebhaber mit gesenktem Haupte unbeweglich stehen und wandten sich zu ihm mit folgenden Worten: Nun, Herr Rousseau, was sagen Sie zu dieser Oper? Keine Antwort. Endlich richtet er den Kopf in die Höhe; ließ diejenigen, die ihn gefragt hatten, die hellen Tränen sehen, die ihm über die Wangen flossen, und sang mit leiser und halberstickter Stimme die Worte der Oper: *J'ai perdu mon Euridice; rien égale mon malheur!* – Welch ein rührender Widerruf.»[102] Widerrufen hatte Rousseau bekanntlich schon während der *Iphigénie*.

Jean-Jacques Rousseau hatte sich in mehreren Aufsätzen mit Details aus *Orfeo* und *Alceste* auseinandergesetzt und sich auch persönlich mit Gluck, wie von diesem Jahre zuvor angekündigt, getroffen. Den Italophilen Marmontel, La Harpe und ihrem Kreis aber mußte nicht nur das zuwider sein, was sie als Konversion Rousseaus verhöhnten, sondern auch das, was die Pariser Presse schrieb: «[Die Musik] bekräftigt den Eindruck, den die *Iphigénie* bereits vom Genie und großen Talent von M. le Chevalier Gluck, die Leidenschaften der Seele zu malen und auszudrücken, hinterlassen hat.»[103] Die Differenz von früher gedrucktem *Orphée*-Textbuch und späterer Partitur zeigt Änderungen bis zum letzten Moment. Bis zuletzt wird um die gültige Formulierung des Kunstwerks gerungen, das nach der Bearbeitung «letzter Hand» die Aura der Einmaligkeit hat. Es entsteht das moderne Kunstwerk.

Gluck hatte sich den Erfordernissen der Pariser Oper angepaßt. Eine der Forderungen – von Lully bis noch zu Wagners und Verdis Zeiten – war die nach ausgedehnten Balletten; sie übertrafen die Wiener Gewohnheiten. Inmitten der Akte wie auch an den Aktschlüssen waren deshalb bei Gluck große Ballett-«Divertissements» vorgesehen, die mit ihren wenigen eingestreuten Arien nur mühsam die Verbindung zur Haupthandlung herstellten. Von der *Iphigénie en Aulide* bis zu *Écho et Narcisse* zollte Gluck diesen Tribut, bei der französischen *Alceste* mit der nachlässigen Konzession, dem Druck ein von fremder Hand stammendes «Divertissement» anzuhängen. Auch die *Taurische Iphigenie* hatte die ersten Jahre hindurch ein fremdes Schlußballett.

Konzession ans Pariser Publikum war auch die Einfügung des mitreißenden Schlußsatzes aus dem *Don Juan*-Ballett, jetzt *«Furientanz»* ge-

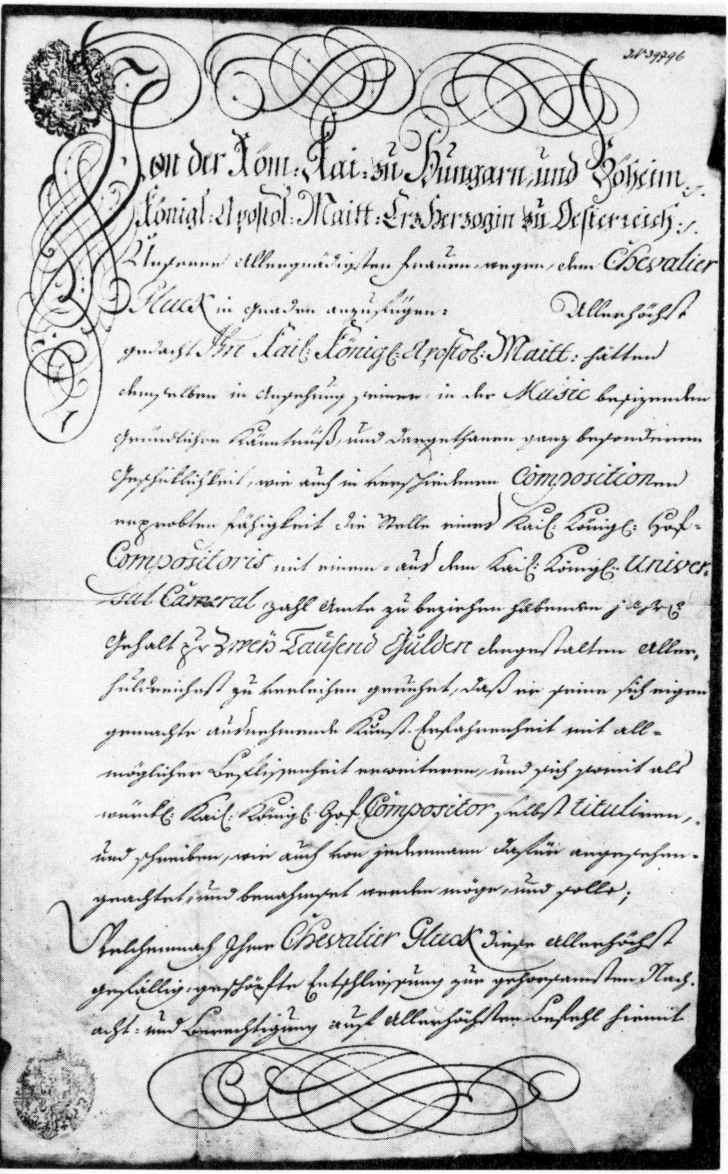
№ 39796

Von der Röm: Kai: zu Hungarn, und Böheim
Königl: Apostol: Maitt: Erzherzogin zu Oesterreich etc.
Unserer allergnädigsten Frauen wegen, dem Chevalier
Gluck in Gnaden anzufügen: Allerhöchst
gedacht Ihre Kail: Königl: Apostol: Maitt: hätten
Allerhöchstdieselben in Ansehung seiner in der Music besitzenden
gründlichen Kenntnuß, und dargethanen ganz besonderen
Geschicklichkeit, wie auch in verschiedenen Compositionen
angerühmten Fähigkeit die Stelle eines Kail: Königl: Hof-
Compositoris mit einem aus dem Kail: Königl: Univer-
sal Cameral Zahl Amte zu beziehen habenden jährl:
Gehalt per Zwey Tausend Gulden angestelten Aller-
höchstdieselbe zu verleihen geruhet, daß er seine sich eigen
gemachte ausnehmende Kunst-Erfahrenheit mit all-
möglicher Geschicklichkeit erweiteren, und sich somit als
würkl: Kail: Königl: Hof Compositor selbst tituliren,
und schreiben, wie auch von jedermann dafür angesehen,
geachtet, und beehret werden möge, und solle;
Welchemnach Ihme Chevalier Gluck diese allerhöchst
gefällig geschöpfte Entschließung zur gehorsamsten Nach-
acht- und Beruhigung auf allerhöchsten Befehl hiermit

Bestellung zum Hofkompositeur

Gluck. Marmor-Büste von Jean-Antoine Houdon, 1778

nannt, in den *Orphée*. Dramaturgisch allerdings ist er da, wo Gluck ihn einsetzte, unstimmig, ähnlich wie eine Bravourarie, die die Handlung nicht beförderte, einzig dem Sänger Le Gros zuliebe eingefügt war. Diese Arie sorgte dann für den Vorwurf eines Plagiats. Was aber Gluck in mehrwöchiger Probenarbeit aus dem ehemals statuarischen Tenor Le Gros gemacht hatte, wurde sofort als vollkommen außergewöhnlich erkannt. Le Gros war zu einem nie gesehenen, glaubwürdigen Darsteller geworden. Neu ist also, daß der belebten, «redenden» Musik die analoge Darstellung entspricht. Das einmalige, «originale» Musikwerk zieht die unverwechselbare, an die Person des Darstellers gebundene Wiedergabe nach sich. Produktion und Reproduktion entsprechen einander. Schon vorher, in Italien und in den letzten Wiener Opern, hatte Gluck um sich ein relativ festes Sängerensemble versammelt. In Wien sprach man von der anrührenden Interpretation der Alceste durch Antonia Bernasconi, und der Kastrat Giuseppe Millico, den Gluck in Parma als einen seiner Freunde und besten Interpreten gewonnen hatte, reiste mit seinen Gluck-Partien durch ganz Europa, feierte als Orpheus in London Triumphe. Mit Gluck kommt der moderne Interpret auf die Opernbühne.

Glucks Erfolg war wahrhaft umfassend. Zu aller Publizität kam, daß der französische Hof dem Komponisten für jedes Jahr, in welchem er in Paris ein Werk herausbrachte, eine Pension von 6000 Livres aussetzte, mit der Bedingung, daß sich Gluck gleichzeitig um die Ausbildung einer neuen Sängergeneration bemühte. Und etwas Unerwartetes geschah: der Wiener Hof zog nach, wollte offenbar nicht nachstehen. Was Gluck vielleicht früher sehnsüchtig angestrebt haben mochte, wurde ihm nun als Sinekure zugestanden, als Amt ohne Aufgabe: die Ernennung zum «wirklichen kaiserlich-königlichen Hofkompositeur»[104], mit 2000 Gulden Jahresgehalt. Und Gluck wurde selbst zum Objekt künstlerischer Darstellungen: er saß Malern und Bildhauern Modell. Duplessis und Houdon begannen mit ihren Gluck-Bildern und -Büsten.

Bearbeitungen

Nach den spektakulären Erfolgen der *Iphigénie* und des *Orphée* war Gluck eine Person von «öffentlichem Interesse» geworden. Zeitungskorrespondenten berichteten von der zweiten Ankunft Glucks in Paris. Er war zwischenzeitlich nach Wien zurückgekehrt; sein Urlaub wäre abgelaufen. Auf der Reise nach Paris Ende 1774 fand endlich ein langersehntes Treffen mit Klopstock in Karlsruhe statt, das von einem zweiten im März 1775 gefolgt wurde. Der zweite Pariser Aufenthalt brachte keine neuen Werke. Wenn Gluck gleichwohl die Reise unternahm, dann deshalb, weil er seine Anwesenheit bei Aufführungen seiner Werke für unumgänglich hielt. Und nicht nur daraus wird klar, daß die Versionen seiner Opern, die nun Premiere hatten, als weitere Stationen auf dem Weg zur «Ausgabe letzter Hand» zu begreifen sind. Die im Januar 1775 herausgekommene zweite Fassung der *Iphigénie en Aulide* brachte neben der erwähnten Änderung des Finales auch eine gründliche Umarbeitung der Ballette, die in der Erstfassung auf Kritik gestoßen waren. Die Reaktion auf die aktuellen künstlerischen Verhältnisse aber ging auch hier so weit, wieder für den Tenor Le Gros eine Koloratur-Arie einzufügen. Sie wurde dem letzten Werk entnommen, das eine solche enthielt: den *Feste d'Apollo*.

Nicht in die Reihe der laut Vertrag mit der Oper abzuliefernden Werke gehörte das nächste Werk. Es war eine anläßlich des Besuchs von Erzherzog Maximilian, dem jüngsten Bruder Marie-Antoinettes, in Versailles herausgebrachte, umgearbeitete Fassung des *Arbre enchanté*, der 1759 für das Hoftheater in Schönbrunn geschrieben worden war. Diese Umarbeitung hatte wenig Erfolg. Gluck fuhr nach Wien zurück und bearbeitete dort eine weitere Oper: *La Cythère assiégée*. Sie gehörte zu den mit der Operndirektion vereinbarten Werken. Gluck hatte auch diesmal die Absicht, sie selbst in Szene zu setzen. Noch größtenteils während des zweiten Paris-Aufenthalts entstanden, war das Werk in großer Eile zusammengestellt worden. Mehrere Monate war Gluck indessen in seinem Wiener Domizil krank. So mußte er von dort aus erleben, wie ohne seine Mitwirkung am 1. August 1775 die Oper mit einem, vom Operndirektor und Komponisten Pierre Berton angehängten, Schluß-«Divertissement» in Szene ging. Das Werk fiel haushoch durch. Aus der früheren einaktigen

Pariser Straßenszene

Komödie, die ihren Vaudeville-Charakter nicht verleugnen konnte, war nun ein aufgeblähtes, dreiaktiges Werk einer ehemals höfischen, von Lully zum Gipfel geführten Gattung geworden. Als «opéra ballet» fungierte die *Cythère* jetzt. Diese Uneinheitlichkeit, in der sich auch die Distanz Glucks zum Ballett-Genre spiegelt, hatte ihre Entsprechung in der «wörtlichen» Übernahme nicht allein etlicher Tanzsätze, sondern auch vokaler Entlehnungen. So zwiespältig offenbar stand Gluck diesem Werk und seinen Balletten von Anfang an gegenüber, daß er Tanz-Sätze, die er des geringen Erfolgs wegen aus der *Iphigénie* entfernt hatte, in der *Cythère* wieder aufnahm, nach nur einem Jahr, am selben Ort.

Die Kritik, sogar die des befreundeten Arnaud, kam zur lakonischen Feststellung, daß «Herkules... besser die Keule als den Spinnrocken zu handhaben»[105] verstand. Gluck war über die ständige Kritik, seine Ballette seien *schwach, mediocres, etc.*[106] erbost. Nur noch dramaturgisch notwendige Ballette wolle er künftig schreiben, ließ er Franz Kruthoffer wissen, den Sekretär des Wiener Botschafters in Paris; die Briefe Glucks an Kruthoffer zählen zu den wenigen authentischen Äußerungen Glucks.

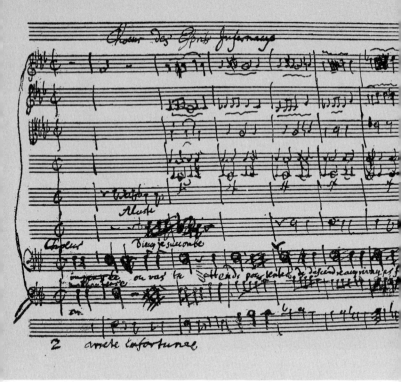

Partitur-Manuskript aus «Alceste», 1776

Divertissements gäbe es von seiner Hand ab jetzt keine mehr, *die lumpen hunde sollen keine mehr von mir hören, und meine opern werden allezeit mit denen wörtern sich Endigen*[107]. Womöglich aber waren dann Bedenken am künstlerischen Verhalten beim Komponisten aufgekommen. Denn Noverre sollte für eine Wiederaufnahme engagiert werden; *so werde ich wohl künfftiges Jahr... Le Siege de Cythere können wiederumb produciren, weilen diese Opera mit à propos dazu gemachten täntzen Ein gantz anderes ansehen gewinnen wierd, und ich alsdan nicht zweiffle von dessen reussirung*[108]. Die Möglichkeit authentischer Kompositionen, *à propos dazu gemacht*, sollte wohl auch für diese Ballett-Oper nicht mehr ausgeschlossen werden.

Ebenfalls aus dem Jahre 1775 datiert ein «Pro Memoria», das die Pariser Oper erstellt hatte und das den Stand der Dinge rekapitulierte. Drei Werke waren danach abgeliefert: die *Aulische Iphigenie, Orphée* und *La*

Cythère assiégée. Drei hätten noch zu folgen: *Alceste, Electre* und *Iphigénie en Tauride*. Und auch das mag als Zeichen der Moderne gewertet werden: daß der künstlerische Ausdruckswille sich bereits jahrelang auf das zu schaffende Kunstwerk ausrichten konnte. Diesen Schaffensprozeß zeigt auch die Entstehungsgeschichte der französischen *Alceste* deutlich. Sie war die vierte der abzuliefernden Opern. Bedeutsam ist, daß Gluck einige der Ratschläge sorgsam beherzigte, die Rousseau in einem früheren Essay gegeben hatte. Einige der Änderungen der französischen gegenüber der italienischen Fassung sind auf den Philosophen zurückzuführen, wozu auch die Dramaturgie des zweiten Akts gehört. Geändert, weil von der Kritik moniert, wurde vor allem der dritte Akt mit dem Schluß der «tragédie». Die ersten Pariser Vorstellungen brachten einzig Herakles, der in euripideischer Parallele eine alte Schuld am Hause Admets abträgt, indem er Alkestis rettet. Die endgültige Pariser Version der *Alceste* aber führte wieder, wie schon neun Jahre zuvor in Wien, Apoll ein. Die Kritik jedoch am dritten Akt verstummte nicht, verstummt bis heute nicht. Da schon die Proben wieder aufmerksam verfolgt wurden, konnte zum Tag der Premiere in den «Mémoires secrets», den für das Pariser Theaterleben so überaus wichtigen Aufzeichnungen Louis Bachaumonts, der Hinweis erscheinen, der erste und zweite Akt seien schön, der dritte Akt allerdings «ne valoit rien»[109], tauge nichts.

Gluck bekannte gegenüber seinem Pariser Parteigänger, dem Abbé Arnaud: *Ich gestehe, ich bin mit der Schluß-Lösung nicht zufrieden. Die Oper wird einem schönen Portrait ähneln, dessen Hände verstümmelt sind. M. le Baily sagt mit Recht* – du Roullet in seinem «Avertissement», das dem Textbuch beigegeben war –, *daß die Handlung mit dem Tode von Alceste endet, aber schon Euripides, der, wie ich meine, gleichfalls die Theaterregeln kennt, führte nach Alcestes Tod Herakles ein, um sie Admet zurückzugeben. So hat er vermieden, das Stück kraft der Regeln zu erdrosseln.*[110] Gluck betont die relative Freiheit des Künstlers gegenüber der Tradition. Ausdrücklich nimmt er für sie die Abkehr von poetischen Regeln in Anspruch. Die in einem Brief an du Roullet geforderte Lösung vom vermeintlichen, griechisch-antiken Vorbild wird legitimiert mit der Erkenntnis, *selber Originale zu werden versuchen*[111]. Diese Formulierung der Differenz von einst und jetzt, die bei Schiller zu der von «naiver» Antike und «sentimentalischer» Gegenwart wurde, verweist also einerseits auf die Erkenntnis des «originalen» Kunstwerks kraft eigenen künstlerischen Wollens. Andererseits legt sie, zusammen mit der erklärten Rücksicht auf Erwartungen der Rezipienten, Zeugnis ab vom Reagieren des Künstlers auf äußere Bedingungen. Damit wird die Dialektik von «genialer» Kunst und den Umständen ihrer Entstehung benannt.

Trotzdem berührt es merkwürdig, wenn nach allen Mühen der Umarbeitung Gluck im Druck der Partitur ein vor kurzem so heftig abgelehntes Schluß-«Divertissement» anhängen ließ. Mehr noch: es war nicht einmal

107

Glucks Adoptivtochter Marianne Hedler

von ihm: *...das wenige was H. Gosseck mag darzu gemacht haben, kan von keiner consequence seyn, dieses wierd die Opera nicht bösser und nicht schlimmer machen, weilen Es das Ende darvon ist.*[112] Der genannte Komponist der Ballette ist François-Joseph Gossec. Gluck aber war zum Zeitpunkt der Drucklegung schon nicht mehr in Paris. Überstürzt war er nach Wien zurückgekehrt, weil ihm der Tod seiner geliebten Nichte Marianne gemeldet worden war. Seine Frau hatte wegen der Krankheit Mariannes diese letzte Reise schon nicht mitgemacht. Seit bald sechzehn Jahren hatte Marianne als Kind der Glucks mit ihnen zusammen gelebt. Am 22. April 1776 war das hochmusikalische Mädchen an den Blattern gestorben, und einen Tag später, am Tag der ersten Aufführung der französischen *Alceste*, wurde sie beigesetzt. Für Gluck war es ein schwerer Schicksalschlag.

Er wandte sich an Klopstock, ein Trauergedicht zu erbitten: *Wie öde, wie einsam wird es künftig um mich seyn! Sie war meine einzige Hoffnung, mein Trost, und die Seele meiner Arbeiten. Die Musik, sonst meine liebste Beschäftigung, hat nun allen Reiz für mich verloren.* [113] Klopstock antwortete nicht. Der gleichfalls angeschriebene Wieland leitete die Bitte, weil er sich ihr nicht gewachsen fühlte, an Goethe weiter. Goethe willigte ein: «Ich wohne in tiefer Trauer über einem Gedicht, das ich für Gluck auf den Todt seiner Nichte machen will» [114], schrieb er an Frau von Stein. Es wird vermutet, daß diese Idee in das Monodram «Proserpina» eingegangen sei, das dann in den «Triumph der Empfindsamkeit» übernommen wurde. Jahre später wandte sich Gluck erneut an Klopstock: *Obschon sie meiner verstorbenen Kleinen nichts auf ihren todt haben componiert, so ist doch mein Verlangen Erfüllt worden, dan ihre todte Clarissa ist so analog auf das Mädgen, das sie mit allen ihren Grosen Geist, nichts bösseres hätten hervor bringen können, diese ist jetzund meine Favorit Ode –* sie hat sich nicht erhalten *– und sehr Wenige hören sie, denen sie nicht Thränen ausprest.*

Der Streit

Der Opernstreit der «Gluckisten» wider die «Piccinisten» entstand, weil
nach dem «Buffonistenstreit» des Jahres 1752 die Frage nach der melodischen und dramatischen Erneuerung der französischen Oper im Geiste
der «Natur» zwar aufgeworfen, aber nicht beantwortet war. Und er entstand, weil er noch vor Glucks Ankunft und der Kenntnis seiner Werke
geplant war. Gegen einen «Konkurrenten» sollte Gluck antreten, der
noch gar nicht bestimmt war. Die irrationalen Momente, die den Streit
ausmachten, waren längst eingebracht, ehe die «Kontrahenten», die sich
gut verstanden, den Kampfplatz betreten hatten. Immer wieder vorgetra-
gene Argumente vor allem der Gegner wurden zum Teil am unpassend-
sten Objekt festgemacht. Geführt wurde der Streit von Literaten, von
Dilettanten; professionelle Komponisten hielten sich heraus. Glucks eigenes Verhalten begünstigte den Streit. Denn bereits seit dem «Buffonistenstreit» galten Anhänger und Vertreter der «buffa» und generell der
italienischen Oper zugleich als heimliche Republikaner – ästhetisches und
politisches Urteil wurden verquickt. Gluck aber verhielt sich uneindeutig.
Denn dem Anspruch nach war er als Überwinder und Zerstörer der klassischen französischen Oper in Paris eingezogen. Stets aber bediente er
sich der Protektion höchster Hofkreise, und diese Divergenz von Werk
und Verhalten des Komponisten mußte seine Gegner verwirren.

Einer der ersten Beiträge der Auseinandersetzung war, daß Arnaud
noch einmal den historischen Rang Glucks rekapitulierte. In einer bissigen Schrift – «La soirée perdue à l'opéra», ein wegen der ständigen Mäke-
leien der bornierten fiktiven Zuhörer «verlorener Opernabend» – nennt
er Gluck den Michelangelo der Musik, der eine Ausnahmestellung inne-
habe. Nur wenige würden ihm wohl auf dem Wege folgen; auf jeden Fall
rangiere er vor Jomelli, Piccini, Traetta und Sacchini. Ein bevorzugter
Terminus der Aufklärung und ihrer philosophischen Kunstbetrachtung
taucht auf: «Dieser Prometheus hat das Feuer vom Himmel geraubt.»
Gluck wird zum Klassiker erklärt: seine Werke «erklären den Gesang,
den die Griechen in ihren Dramen einsetzten; ganz ohne Zweifel war es
ein Rezitativ wie in *Orphée, Iphigénie* und *Alceste*»[116].

Die Gegner Glucks hatten lange schon im Sinn, einen «echten» Italiener ins Land zu holen. Schließlich bedienten sie sich, wie Gluck, aller-

Niccolò Piccini, nach einem Gemälde von Ch. Jean Robineau

höchster Stellen. Durch Intervention unter anderem der du Barry wurde Marie-Antoinette verleitet, auch Niccolò Piccini nach Paris einzuladen. Mehr noch: die Direktion der Oper wurde veranlaßt, einen unkünstlerischen «Vergleich» zu wagen. Gluck und Piccini wurde der gleiche Text zur Vertonung vorgelegt, der «Roland» von Quinault. Über die österreichische Botschaft hatte man in Wien vom Doppelauftrag erfahren, und Gluck reagierte prompt. In einem Brief an du Roullet erklärte er, alles, was er bislang vom «Roland» vertont habe, ins Feuer geworfen zu haben. Dazu wollte er von Kruthoffer wissen, *warumb, wegen wem, und wegen was der Piccini auff Paris ist geruffen worden, und was er vor gehalt Empfängt*[117].

Zu dieser Zeit hatte Gluck an zwei Libretti von Philippe Quinault, dem wichtigsten Librettisten Lullys, gearbeitet: neben dem «Roland» an der

Jean-François Marmontel

«Armide». Dies war gleichfalls ein Stoff, der aus der Reihe der mythologischen Themen herausfiel. Er wurde von Gluck mit einer Musik versehen, die gänzlich unterschiedlich zum düsteren Ton der *Alceste* und zum ernsten der *Iphigénie* ist. Die Kritik am dunklen Ton besonders der *Alceste* mag ihn zum graziöseren der *Armide* bewogen haben. Nie sonst komponierte Gluck so «französisch» wie hier. In einem Brief bezog er sich auf diesen stilistischen Unterschied: *Die ‹Armide› ist als Ganze so verschieden von der ‹Alceste›, daß man meint, sie seien nicht vom selben Komponisten.*[118] Außerdem hatte Gluck für die *Armide* auf Probenbedingungen bestanden, die noch heute ungewöhnlich sind: zwei Monate Probendauer, auf jeden Fall so viel, wie er selbst es für notwendig erachte; keine Zweitbesetzung, dafür Verpflichtung der Direktion, eine andere Oper fertig einstudiert zu haben, die im Notfall gegeben werden könne, falls wegen Krankheit oder ähnlichem seine *Armide* verzögert würde.

Noch vor der so «französischen» *Armide* beginnen die Gegner mit ihrer ständigen Klage, Gluck kenne keinen Gesang, keine Harmonie. La Harpe hatte das auf die *Iphigénie* gemünzt. Suard schlägt zurück: unter dem Pseudonym des «Anonyme de Vaugirard» nennt er La Harpe pueril, knabenhaft. Der seinerseits rät, weniger arrogant und «tyrannique»[119] zu sein, preist Gluck sogar wegen der *Alceste*. Arnaud antwortet, eigentlich sei der Disput unsinnig, drehe sich um sich selber, da doch auch La Harpe Glucks Genie anerkenne: «Es ist klar, daß M. de la Harpe ein Amateur ist, und infolge dessen als solcher behandelt wird.»[120] Dann legt in größerem Rahmen Marmontel in seinem «Éssai sur les révolutions de la musique en France» die Argumente der Italophilen dar. Diese Schrift wurde wie sämtliche Pamphlete in den 1781 erschienenen «Mémoirs pour servir à l'histoire de la révolution opérée dans la musique par M. le Chevalier Gluck» gesammelt und veröffentlicht, dem «Memorandum über Glucks musikalische Revolution».

Gluck ist danach der Komponist der «passions violentes», der heftigen Leidenschaften. Ob er den eigenen Anspruch, eine «voluptueuse sensation», ein sinnliches Gefühl mit der *Armide* zu erregen, einlösen könne, werde sich zeigen.[121] Es stehe eher zu befürchten, daß die Gattung Oper den Charme ihrer Melodien verliere, der auf die «unité», die «élégance» und die Regelmäßigkeit der «période musical» nicht verzichten könne, wobei das Gefühl stets «agréable», angenehm zu sein hätte.[122] Marmontel wird gleichfalls persönlich: Gluck und seine Gefolgsleute seien «dictateurs de l'art»[123]; gälte denn italienische «simplicité» nichts mehr gegen

Partitur-Manuskript aus «Armide», 1777

den «bruit» und die «cris», den Lärm und das Geschrei der Gluckschen Opern?[124] Der Zweck des «bruit de l'orchestre» sei offenbar, die Mängel der «modulations Tudesques» zu verdecken.[125] Marmontel zufolge ist der «Tudesque», der Germane Gluck, wohl nur fähig zu musikalischem Lärm.

Niccolò Piccini kam Ende 1776 in Paris an, und seine «Buona figliola» hatte dort großen Erfolg. Sie war eine italienische opera buffa und trat damit in die Nachfolge der «Serva Padrona» Pergolesis, die 1752 den ersten großen Streit in Paris ausgelöst hatte. Am 29. Mai 1777 war auch das Ehepaar Gluck in Paris. Vier Monate später, am 23. September, kam die langerwartete *Armide* heraus. Es war der spektakuläre Angriff auf eines der höchsten Güter der französischen Operntradition. Das Libretto von Quinault, vor allem dessen literarische und dramaturgische Qualitäten, hatte Rousseau gerühmt. Die Lullysche Vertonung dieses Textes ist nach seinem «Brief über die französische Musik» ein «für die ganze Nation... geheiligtes Stück»[126]. In diesem «Brief», der wegen der generellen Verurteilung des Französischen als Opernsprache so hohe Wellen geschlagen hatte, zitierte er den Monolog der Armida, wie ihn Quinault verfaßt habe, als «vollkommenen Modellfall des wahren französischen Rezitativs»[127]. Zugleich nennt er Lullys Vertonung dieses Monologs kindisch, schulmeisterlich, kraftlos, kalt und langweilig. Auch Diderot fühlte kaum anders. In der «Correspondance littéraire» nennt er Lullys Musik «flach»[128]. Was einst als aufregend gegolten haben mag, verursacht, wie ein weiteres Urteil in «Rameaus Neffe» ausweist, nur noch Gleichgültigkeit.[129] Schon früher, während des «Buffonistenstreits», fand er Lullys Melodie ohne «Seele, Kraft» und «Genie».[130]

Wenn Gluck von seinem ursprünglichen «Electre»-Plan abgewichen ist, an ihrer Statt die *Armide* vertonte, muß das in Kenntnis dieser Schriften, vielleicht auch nach persönlicher Ermutigung durch Rousseau geschehen sein. Die Änderung dieses Plans hat jedenfalls den Charakter des Absichtsvollen und der Bilderstürmerei. Das Vorhaben richtete sich nur gegen Lully: *Ich habe nicht die Absicht, einen einzigen von Quinaults Versen zu entfernen.*[131] Einzig durch seine Musik wollte Gluck zeigen, wie der Text seiner Ansicht nach zu vertonen wäre. *Wenn meine Pläne Erfolg haben, ist eure altmodische Musik für immer zerstört*[132], schrieb er an du Roullet. Gluck, ohnehin als «dictateur de l'art» verschrien, wohl auch als arroganter Teutone, besetzte und zerstörte ein Heiligtum, den Modellfall klassischer Traditionen der «Académie royale de Musique», was seine Gegner zur Weißglut reizen mußte. Über die Wirkung seines Vorgehens berichtet er selbst: *Nie zuvor wurde eine heftigere und umstrittenere Schlacht als über meine Oper ‹Armide› geschlagen. Die Kabalen gegen ‹Iphigénie›, ‹Orphée› und ‹Alceste› waren im Vergleich dazu nur kleine Gefechte mit minderen Kräften... Der Streit wurde so erhitzt, daß die Beleidigungen wohl in Tätlichkeiten übergegangen wären, hätten gemeinsame*

Gluck. Gemälde von Joseph-Silfrède Duplessis

Freunde keine Ordnung geschaffen. Das ‹Journal de Paris› ist voll vom Kampf. Und dann, ein gutes Jahrzehnt vor dem Sturm auf die Bastille, formuliert Gluck: *Voilà donc la révolution de la musique en France, avec la*

115

pompe la plus éclatante – das ist die Revolution der Musik in Frankreich, in herrlichster Pracht.[133]

Der selbstbewußte, bürgerliche Künstler weiß um sein Werk. An Kruthoffer schreibt er: *...sie werden sich wiessen zu Erinnern, das ich allezeit gesagt habe: wan das publicum Ein mahl Alceste begreiffen wierd, so wierd diese piece Einen grossen, und langwierigen Eindruck machen, und nun mehro scheint Es als ob ich Es Errathen hötte; Armide wierd sich hart neben ihr soutenieren, weilen das poeme nicht so nervose ist wie Alceste.*[134] Auch in diesem Brief stellt Gluck die historische Leistung klar: von vielen Komponisten vor und nach ihm seien *gutte Musiquen... gemacht worden, und werden annoch verfertiget werden;* wenn er Ehre von den Franzosen verdient habe, dann *wegen der ihnen gezeigten manier Ihre opern zu verfertigen, undt weilen ich ihnen einer Actrice und einen Acteur Entwicklet habe von welchen sie nichts dachten.*[135]

Auch ohne diese Bekenntnisse – die Revolution gemacht und den Franzosen gezeigt zu haben, wie man ihre Opern «richtig» vertont – mußte Gluck seinen Widersachern nach der Usurpation der *Armide* als anmaßend erscheinen. La Harpe startete seine Angriffe erneut. Er brachte wieder die Argumente der Melodielosigkeit und Rauheit, die ihren Gegenstand indes nie mehr als hier verfehlten. Denn nie komponierte Gluck eleganter, milder, sangbarer und melodiöser als in der *Armide*. Hier wurde deutlich, daß der Vorwurf vorgefaßt war, ohne sich am Gegenstand zu orientieren:

Entsprechend höhnisch war Glucks Antwort; es war das erste Mal, daß er in den laufenden Streit eingriff. La Harpe sei offenbar in wenigen Stunden der Überlegung weitergekommen als er, Gluck, in Jahrzehnten der Praxis. Als *homme des lettres* aber dürfe man wohl über alles reden, ohne Sachkenntnis zu haben. Daraufhin wurde Gluck im «Journal de Paris» vorgehalten, sich auf das Niveau seiner Gegner herabgelassen zu haben. Der Gekränkte bat nun – eine ungewöhnliche Reaktion – die, die ihm schon früher die Klinge geführt hätten, auch jetzt die Hilfe nicht zu versagen. Der «Anonyme de Vaugirard» folgte der Bitte, nicht ohne die Bemerkung, Gluck habe all das nicht nötig.

Gluck hielt die *Armide* für das womöglich beste seiner Werke. Er schrieb an du Roullet: *Ich gestehe Ihnen, daß ich gerne meine Karriere mit dieser Oper beenden würde.*[136] Das mag auch herrühren aus der Stimmigkeit der «realistischen» Dramaturgie, die auf ein «lieto fine» verzichtet, auf das der dramatischen Entwicklung zum Trotz herbeigeführte Ende, das glücklichen Ausgang nur durch plötzliches Eingreifen eines deus oder einer dea ex machina erreicht. Und das, was wichtig ist, die Erlebnisse der Protagonisten zu übergehen scheint – es sei denn, man ringt sich durch zur Deutung, nach der neuerlich gespendeten Zusammenkunft Orpheus' und Eurydikes, Alkestis' und Admets sei ein Leben auf anderer, höherer Ebene möglich und gemeint. Denn niemals kann Alkestis nach ihrer Hades-Erfahrung dieselbe sein wie früher, genausowenig wie Eurydike nach der des Elysiums. Rilke spürte das; er sprach beiden Frauen hohe Erkenntnis zu, die ihre Männer längst noch nicht hatten.[137]

So wird man nicht fehlgehen, diese Gluck-Opern als Werke auch über Erfahrung, Erkenntnis, Reife, den «kleinen Tod» anzusehen; eine Deutung, die bei den Werken des 18. Jahrhunderts, des Jahrhunderts der «Geburt der Psychologie aus dem Geiste der Natur» – um Nietzsche zu paraphrasieren – gewiß mehr als naheliegt. Die Männer wären nach dieser Deutung diejenigen, die in Glucks Opern erst später – und nicht freiwillig – den Schritt zu höherem Wissen vollzögen. Glucks eigene Einschätzung der *Armide* mag indes, falls sie sich der Stimmigkeit der Dramaturgie verdankt, auf Realismus und Diesseitigkeit beruhen. Ungewohnt für sein Werk ist der unversöhnliche Schluß der *Armide*, die in der Tat durch Modernität der Erkenntnis dessen, was ein Männerherz bewegt, besticht. Renaud, der nach der Episode aus Tassos «Gerusalemme liberata» geformte Rinaldo, strebt nach Taten, nach Kriegsruhm. Armide läßt sich auf diesen typischen Vertreter seines Geschlechts ein. Sie beginnt ihn zu lieben, obwohl von «La Haine», dem Haß, ausdrücklich gewarnt. Die Warnung indes war zu Recht gesprochen: Renaud flieht ihre Liebe, und Armide bleibt am Schluß nichts als der Haß – den sie Renaud nachschleudert – und die Zerstörung ihrer zauberischen, «glückseligen» Insel.

Pariser Ausklang

Schlechte Witterung hatte die Rückreise nach Wien vom November 1777 auf den Februar des nächsten Jahres verschieben lassen. So wurden die Glucks Zeugen der «Roland»-Premiere Piccinis: das Werk hatte am 27. Januar 1778 großen Erfolg. Wie Gluck diesen Erfolg aufnahm, steht dahin. Der Sommer brachte zunächst eine Einladung an den Hochgeehrten, die seine Gegner verstören mußte. Der zu Melodien vermeintlich unfähige Komponist wurde ins Mekka der italienischen Oper, nach Neapel eingeladen, alle Pariser Werke zu geben. Dieser Einladung war eine Aufführung der *Alceste* in Bologna vorausgegangen, woraufhin der neapolitanische Gesandte in Wien aktiv geworden war. *Das ist eine Geschichte, die unserem Herrn Gesandten* – Caraccioli, ebenfalls neapolitanischer Gesandter, aber in Paris; er war einer der treibenden Widersacher – *nicht besonders gefallen wird. Gott segne ihn*[138], frohlockt Gluck in einem Brief an Arnaud. An Kruthoffer schreibt er zuvor, sein Kopf sei *anjetzo völlig Erhitzt… von zweyen Opern, Iphigenie, und Narcisse, welche schon darinnen stecken*[139].

Der Text der *Iphigénie en Tauride* stammt von Nicolas-François Guillard; du Roullet arbeitete wesentlich mit am Libretto. In der Vorgeschichte dieser *Iphigénie* spricht nicht alles für Glucks Loyalität. Mit der ursprünglichen Fassung Guillards war Gluck nicht einverstanden, so daß du Roullet das Libretto einem anderen Komponisten, François-Joseph Gossec, versprochen hatte. Gossec hatte sich volle acht Monate berechtigte Hoffnung auf die Vertonung gemacht, sich mit Gluck verständigt und offenbar mit der Arbeit begonnen. Noch am Vorabend seiner Abreise «war er grausam genug, meinen Irrtum nicht zu korrigieren, sondern erklärte noch einmal feierlich, daß er Ihre ‹Iphigénie› nicht machen würde»[140], schrieb Gossec an Guillard über den bewunderten Deutschen, der nach langer Weigerung sich doch zur Vertonung entschlossen hatte. Obwohl Gossec durch Glucks Verhalten mehrere gute und lukrative Aufträge verlor und deswegen auch mehrere Autoren brüskierte, «wird sich an meiner Bewunderung für M. Glucks große Talente nichts ändern»[141].

Die *Taurische Iphigenie* ist auch Mittel eines neuerlichen Versuchs des Operndirektors – nun Anne Pierre Jacques de Vismes –, einen lukrativen «Wettbewerb» von Gluck und Piccini zu starten. Diesmal wird Piccini, der

Iphigenie bei den Taurern. Nach einer Zeichnung von Leutemann

«unschuldige Prügelknabe der Musikgeschichte»[142], getäuscht. Nach Glucks Abreise verpflichtet, wird ihm versichert, als erster seine Oper herausbringen zu können. Zwei Akte hatte er schon fertig komponiert, als Gluck wieder in Paris eintraf. Diesmal aber, im Gegensatz zum «Roland»-«Vergleich», verwarf Gluck nichts. Durch Protektion seiner ehemaligen Schülerin Marie-Antoinette unterhöhlte er de Vismes Zusage an Piccini auf Erstaufführung. Nach der *Aulischen* hatte Marie-Antoinette nun auch die *Taurische Iphigenie* protegiert, deren Premiere am 18. Mai 1779 stattfand. Piccinis Parallel-Werk kam erst 1781, zwei Jahre später als geplant, heraus.

Der Vergleich der Gluckschen *Iphigénie* mit der gleichfalls im Jahre 1779 erstmals veröffentlichten Goetheschen «Iphigenie auf Tauris» lehrt erneut, daß Musik bei Gluck zur autonomen Kunst, zur Sprache der Innerlichkeit geworden war. Goethes Schauspiel ist eines der nicht verschwiegenen, der klar ausgesprochenen Wahrheit, die sich in Rede offenbart. In Glucks Werk aber wird der Sprache mißtraut und, wie stets im Reformwerk, ihre Grenze gezeigt. Musik entlarvt in gleichsam Wagnerscher Manier die von Orest geäußerte Ruhe als trügerisch: sie bricht unvermittelt in heftige Bewegung und Staccato aus. Orest wird von Rachegeistern, den Eumeniden, verfolgt, die ihm in einer Vision erscheinen. Die Differenz von Text und Musik legt die Wahrheit über Orests Zustand bloß, und das Widersprechen der Musik erweist seine Worte als falsch. Eine Vision, musikalisch mit gleicher Dramatik gezeichnet, war es auch, die Iphigenie das Schicksal ihrer Familie lehrte, noch ehe die Rede Orests, die Details verschweigt, sie unterrichtet. Bei Goethe ist die Wahrheitsliebe, die Fähigkeit Iphigenies wesentlich, einzig durch Beharren auf gegebenem Wort, durch Aufrichtigkeit, die den Betrug als unwürdig erkennt, zum Ziel der Freiheit zu kommen. Bei Gluck aber ist Sprache gegenteilig charakterisiert. Und in seiner *Iphigenie* ist es das Leiden an der Vergangenheit, die Trauer ums eigene Los sowie das Abtragen unverdienter Schuld, die Iphigenie zu der Erkenntnis führen, allein zu sein. Diese Einsicht ist, sei sie unausgesprochen wie im *Orfeo* oder in der *Alceste*, sei sie von Iphigenie in ihrer ergreifenden Klage *O malheureuse Iphigénie*

benannt, zugleich eines der Elemente, die den inneren Zusammenhang des Reformwerks stiften. Damit wird es zugleich ein Werk um Menschwerdung, um Individuation.

Die Tat aber am Schluß der Handlung, Pylades freizugeben, wurde von Iphigenie gegen die Überlieferung gesetzt, die Gehorsam gegenüber dem Gebot des Griechenopfers verlangt hätte. Diese Tat wurde von Pylades vollendet, der Thoas erdolcht, um ihn an der Tötung Iphigenies zu hindern. Iphigenies Selbstbewußtsein hat also die Befreiung erwirkt. Und das ist der Fortschritt gegenüber der *Aulischen Iphigenie*: dort erzwang die Tat zunächst den Götterspruch, der Iphigenie vom Opferaltar holte. Hier aber, in der *Taurischen*, ist die Abwendung der Gefahr bereits geschehen, als die Göttin Diana erscheint. Ihr schließliches Auftreten bestätigt nur, was bereits eintrat. So wurde auch im «Journal de Paris» dieser Schluß kritisiert, «der absolut unnötig erscheint: man wünschte, daß der Autor, der doch den Mut hatte, einer rein tragischen Anlage zu folgen, von Horazens Vorschrift profitiert hätte, ‹Ne Deus intersit›, und daß er mit einem Trio von Iphigenie, Orest und Pylades geschlossen hätte»[143].

Orests Vision, der bei seinem «Wahnsinn» in der plötzlich herbeitretenden Iphigenie die von ihm gemordete Mutter zu erkennen glaubt, ist wohl das früheste Beispiel von komponierter Psychoanalyse: ein geradezu klassischer Fall von Verdrängung. Der emotionale Reiz, den bei Orest der Anblick der an die Mutter gemahnenden Schwester auslöst, ist zu groß und kann nur durch eine Ohnmacht beantwortet werden. Zu nennen sind in diesem Zusammenhang auch Iphigenies Träume, die ihr das mörderische Geschehen schildern. Hätte hier Freud gefolgert, daß auch Iphigenie vom Gedanken der Rache erfüllt war, ihn einzig aber im Traum aufhob? Nur Orest setzte den Wunsch in die Tat um, hatte dafür aber mit Persönlichkeitsspaltung und Verdrängungen zu zahlen. Musikalisch ist das, wie erwähnt, durch den Widerspruch von Text und Musik ausgedrückt.

Schiller, der zusammen mit Goethe dieses Werk in Weimar selber inszeniert hat, bekannte, daß «mir Glucks *Iphigenie auf Tauris* einen unendlichen Genuß verschafft» hatte; «noch nie hat eine Musik mich so rein und schön bewegt als diese, es ist eine Welt der Harmonie, die geradezu zur Seele dringt und in süßer hoher Wehmut auflöst»[144]. Dieses Bekenntnis wurde noch durch ein Urteil aus Paris gesteigert. Im Bewußtsein eines französischen Kritikers war die *Taurische Iphigenie* die Summe der (Musik-)Geschichte: «Wesentlich ist die Beobachtung ... daß, während jeder andere Musiker lediglich die Art zu singen, den melodischen Stil seines Jahrhunderts aufnimmt, Glucks unendliches Genie die Melodie mehrerer Zeitalter umfaßt.»[145] Sogar La Harpe muß einlenken: «Die Zuhörer können gegen die zahllosen neuen, erhabenen, kraftvollen und doch einfachen Schönheiten, die aus einer ausdrucksvollen, wirksamen und echt dramatischen Musik hervorleuchten, unmöglich kalt geblieben sein.»[146]

Schiller. Gemälde von Gerhard von Kügelgen

Parallelen zur französischen *Alceste* tun sich auf. Wieder hat Gossec, wie schon bei der französischen *Alceste*, ein Schlußdivertissement geschrieben. Es gab Stimmen, die das Werk für einen Abend zu kurz fanden, was auch von anderen Werken Glucks gesagt wurde und oft ihnen zweifelhafte Beigaben zur Aufführung bescherte. Noverre war an Gluck herangetreten: es bedürfe eines Balletts «Les Scythes enchaînés» – die gefesselten Skythen –, das die Handlung endgültig beschließe. Während der nächsten Jahre folgte tatsächlich ein solches Gossecsches Ballett der Gluckschen *Iphigénie*.

Diese Oper erfüllte den Vertrag, den Gluck mit der Pariser «Académie royale de Musique» geschlossen hatte. Aber da «seine Liebe zum Geld keineswegs geringer ist als seine Ruhmsucht»[147], wie die «Mémoires secrèts» höhnten, hatte Gluck mit de Vismes einen Vertrag über die Lieferung einer weiteren Oper gemacht. Es sollte seine letzte Oper sein: *Écho et Narcisse*, mit einem Text vom Schweizer Diplomaten Baron Ludwig Theodor von Tschudi nach Ovids «Metamorphosen». Alles stand aber von Beginn an bei dieser Oper um die Annäherung zweier Liebender unter einem schlechten Stern. Am 30. Juli 1779 erlitt der sechsundsechzigjährige Gluck, während der Probenzeit, einen ersten Schlaganfall. Nach vier Wochen hatte er sich jedoch so weit erholt, daß er die Proben fortsetzen konnte. Schon die Generalprobe deutete die zukünftige Aufnahme an; in den «Mémoires secrèts» wurde befunden: «Allgemein kommt man zur Überzeugung, daß das Textbuch entsetzlich sei; daß es schöne musikalische Wirkungen gäbe, die aber deplaziert und für ein derart simples Sujet zu energisch seien. Sogar Glucks Parteigänger können das nicht verhehlen; die Gegner finden das Werk zu lang und ungewöhnlich langweilig.»[148] Baron Grimm schrieb in seiner «Correspondance littéraire», daß es einzig der Choreographie der ausgedehnten Ballette durch Noverre zu verdanken wäre, wenn sich das Werk auf dem Spielplan hielte. Die bissigen Kritiken an *Écho et Narcisse* und die Abwendung ehemaliger Mitstreiter, wie die Arnauds, ließen den ehedem so hoch Geehrten nach dieser Oper Paris den Rücken kehren. Auch die zwischenzeitlich gehegten Pläne, ganz nach Paris zu übersiedeln, ließ er endgültig fallen, obgleich sie in späteren Jahren ständig neu aufflackern sollten.

In die heutige Form mit einem zusätzlichen Prolog vor den drei Akten wurde die Oper durch Umarbeitungen gebracht, die Gluck in Wien, Tschudi und du Roullet in Paris vornahmen. Aber auch dadurch konnte der Erfolg nicht herbeigeführt werden. Nur für kurze Zeit stellte er sich ein, als man infolge eines Theaterbrands in ein Ausweichquartier umziehen mußte. Dieses kleinere, offenbar intimere Provisorium erwies sich als unerwartet passendes Ambiente, das dem Werk wiederholt ein volles Haus bescherte. Versöhnen konnte das den Meister nicht; aus Wien schrieb er: *Ich wüntschte das Einmahl Einer köme der mich ablesete, und den publiquo mit seyner Music gefallen möchte, damit man mich mit ruhe liesse, dan ich kan alle die plaudereyen, so ich mit Narcisse von freynden, und feynden habe anhören müssen, und die Pillen so ich geschluckt habe, noch nicht vergessen, dan die H: frantzosen können noch nicht Eine Musicalische Eglogue von einem Poëme Epique unterscheiden.*[149] Glucks Reaktion auf Urteile über seine Werke war offenbar schwankend: *... ich bin gantz gleichgiltig auf den Pariser beyfall, oder Critique.*[150] Das ist lange nach der Rückkehr geschrieben, am 31. Januar 1780. Zwei Monate später heißt es – der alte Plan ist offenbar noch nicht ganz überwunden: *... das ich aber selber wiederumb auf Paris kommen solte, da wird nichts darauß so lang mann annoch die wörter: Piccinist: Gluckist: wierd in Gebrauch haben, dan ich bin gott sey Danck anjetzo gesunth, ich mag keine galle mehr in Paris speyen.*[151]

Verantwortlich für die ungnädige Aufnahme dieser Oper ist deren

Zwiespältigkeit – die «musikalischen Wirkungen» sind «zu energisch» für ein «derart simples Sujet». Glucks Reformwerk war indes stets von vergleichbaren Differenzen durchzogen. Im *Orfeo* wurde ein der Tragödie würdiger Schmerz ins pastorale Gewand gehüllt, und in *Paride ed Elena* wurde die Privatheit zweier Liebender in die der klassischen Tragödie entlehnte Fünfaktigkeit gekleidet. Dieses Auseinandergehen von großer Oper und Privatheit; von musikalischer Charakterzeichnung und vermeintlicher Zartheit des Sujets; von großem Apparat und einzig innerer Handlung trifft auch auf die Intimität des dreiaktigen, abendfüllenden *Écho et Narcisse* zu. Nach der *Taurischen Iphigenie* sorgte dessen Divergenz für Verwirrung. Der *Taurischen Iphigenie*, dem Musterbeispiel einer musikalischen Tragödie, folgte der wehmütige musikalische Abschied in *Écho*. Hier werden noch einmal alle Formen rekapituliert, die Gluck in seiner Laufbahn erfüllt hatte. Ausgedehnte Ballette sind zu finden; der Schwur, keine mehr machen zu wollen, war vergessen, und vielleicht kann man einigen der Tanzsätze eine gewisse Gleichgültigkeit anhören. Stilistische Rückgriffe – auf *La Danza* zum Beispiel, dessen sämtliche Arien parodiert wurden – schlagen den Bogen zurück in «vorreformatorische» Zeiten. Die Zeugen ehemaliger pastoraler Zärtlichkeit und melodischen Charmes sind mit der Erfahrung aller Protagonisten von Orpheus bis Armida und Iphigenie vereint. Sie zeichnen den aus männlicher Verblendung und Eitelkeit geborenen Schmerz der Nymphe Echo und die Trennung von Narcisse. Das Unverständnis zweier ehemals Liebender wird erst, wie in früheren Werken Glucks, nach Todeserfahrung und Reifung überwunden. Die Möglichkeit zu weiterem Leben auf anderer, höherer Ebene wird auch in seinem letzten Bühnenwerk gewährt. Im Gestus des Alterswerks demnach, das auf Frühes zurückgreift und den Bogen vollendet – Gluck verfährt hier wie Händel, Mozart, Schönberg –, wird eine Handlung, die in der beschriebenen Essenz so etwas wie eine Summe des Reformwerks darstellt, mit einer Musik versöhnend umschlungen, die gleichfalls Rückschau ist. Und daß das nicht verstanden wurde, verletzte Gluck zutiefst.

Wie das Reformwerk stets zugleich eines um Sprache und deren Grenzen war, so weist auch *Écho et Narcisse* dieses Moment auf. Mehr noch: es steigert den Befund der Gluckschen Musikdramen, die den Diskurs als eingeschränkt erkannten. Denn der Dialog zwischen Echo und Narcisse findet gar nicht erst statt. Die Protagonisten sprechen nur mit ihnen zugeordneten Nebenfiguren, die dadurch aus dem minderen Rang, den früher die «confidenti», die Vertrauten hatten, hinausgehoben werden. Sie sind offenbar die einzige Möglichkeit eines Gesprächs, das sonst gar nicht stattfände. Auch in dieser Hinsicht ist *Écho et Narcisse* die Summe des Gluckschen Reformwerks und seiner Dramaturgie. Noch einmal und deutlicher denn je werden die Grenzen der Rede vorgeführt. Und es waren eben Glucks Opern als die des ersten der Klassiker, die statt dessen

Gluck. Schattenriß von Johann Hieronymus Löschenkohl

der Musik den Rang der mächtigeren Beredtheit zuerkannten. Damit versicherten sie zugleich – um einen Terminus des 19. Jahrhunderts vorwegzunehmen – die Musik der «Geistfähigkeit» und des «Charaktervollen». Beredtheit, Geistfähigkeit aber und die Fähigkeit zum Charakter sind Ergebnis der Emanzipation der Musik aus früherer Unterwerfung unter das Wort, zugleich zentrale Begriffe und tragende Bedingungen der musikalischen Klassik.

Das Ende

Ohne Zweifel wissen Sie nicht, daß ich keine weiteren Opern mehr schreiben werde und daß meine Karriere beendet ist. Mein Alter und der Widerwille, den ich kürzlich in Paris wegen meiner Narcisse erfuhr, haben mir auf immer den Wunsch genommen, noch weiteres zu schreiben.[152] Das schrieb Gluck dem Dichter Gersin, der ihm ein Libretto angeboten hatte. Auch eine weitere Reise nach Paris ist nicht mehr denkbar, wie eine Nachricht an Kruthoffer belehrt: *...schwerlich werde ich mich noch bereden lassen wiederumb auf das Neye das object der Critique oder des Lobs der frantzösischen Nation zu werden, dan sie seyndt veränderlich wie die rotten Hahne.*[153] Eine Möglichkeit aber bliebe noch: *Wan die dummen resonnements zu Paris ausser mode kömmen, so Man über die Music, und Spectaclen macht, so könte ich mich vielleicht nochmahls resolvieren auf Paris zu kommen, und noch Etwas ihnen vor zu pfeifen, allein, ich traue ihnen nicht mehr, dass gebränte Kindt fürchts feyer.*[154]

Ganz aufgegeben waren neben den Paris-Plänen auch nicht die über weitere Kompositionen, wie ein Brief vom 10. Februar 1780 an den Goethe-Freund und -Mentor Karl August, den Großherzog von Sachsen-Weimar, lehrt: *Ich bin nunmehr sehr alt geworden, und habe der französischen Nation die mehreste Kräffte meines geistes verschleidert, dessen ungeachtet empfinde ich in mir einen innerlichen Trieb, etwas vor meine Nation zu verfertigen.*[155] Vielleicht war damit die Klopstocksche «Hermanns Schlacht» gemeint. Am 10. März ließ der Komponist den Dichter wissen: *Sie wüssen nicht warumb ich so lange mit der Hermannsschlacht zaudre, weilen ich will mit selbiger meine Musicalische arbeiten beschliessen, bishero habe ich es nicht thun können, weilen mich die Herrn Frantzosen so sehr beschäfftiget hatten.*[156] Es blieb aber bei der Absicht, und die «Hermannsschlacht» wurde nicht niedergeschrieben. Reichardt meinte: «Es ist gewiss ein unersetzlicher Verlust, dass der Künstler sie nicht aufzeichnete; man hätte daran das eigene Genie des grossen Mannes gewiss am sichersten erkennen können, da er sich dabey durchaus an kein conventionelles Bedürfnis der modernen Bühne und Sänger band, sondern ganz frey seinem hohen Genius folgte.»[157] Auch ein weiterer Plan wird nicht realisiert, wie Kruthoffer erfährt: *...nur alleine will ich ihnen sagen, wegen den floh der ihnen in ohr sitzet, das ich soll auf Neapel gehen, umb 4*

Wien. Stich von C. Schütz, 1785

opern alldorten zu machen, ich habe es ihnen wollen verschweigen, bieß ich nicht weiß, ob man meine conditiones angenohmen oder nicht, Ein drollischer Vorfall vor die Anti-glückisten zu Paris.[158] Das bezieht sich wohl auf die zwei Jahre alte Einladung vom Sommer 1778, die die Pariser Widersacher, an ihrer Spitze Caraccioli, hätte ärgern können. Allerdings schreibt Gluck im Januar 1781: *Der todt der Kaiserin hat meine Neapolitanische reise rückgänig gemacht.*[159] Die nicht nachlassende Paris-Sehnsucht soll gleichfalls ohne Konsequenzen bleiben: *...meine Zurückkunfft nacher Paris wird sich wohl schwerlich effectuiren, sie haben recht, Ein gesetzter Mann kan sich mit den gesindl nicht mehr abgeben.*[160]

Endlich wird der Siebenundsechzigjährige auch in Wien gebührend geehrt. Ab Oktober 1781 bestritten bis zur Jahreswende vier Werke Glucks den Spielplan, und etliche der Aufführungen wurden zu Festaufführungen. Anlässe waren die Geburt des Dauphins in Frankreich, der Besuch des Herzogspaares von Württemberg, vor allem der des russischen Thronfolgerpaares, Großfürst Paul und Großfürstin Maria, die nach Wien kamen. Das belebte Gluck: *...so wierd wohl auch die* – deutsche Version der – *Iphigenie in Tauris, welche Ehestens soll vorgestellt werden, mich wiederumb in bewegung setzen, und mir das geblüte rege machen.*[161] Die Verhältnisse hatten sich umgekehrt: Gluck, der früher bei Hof sich anpaßte, war nun derjenige, der voller Stolz selber Potentaten empfing. *Der Beifahl der Deutschen Iphigenia hat bessern Grund, dann der Großfürst von Russland warr so darüber entzücket, daß er nebst den Prinzen von Würtenberg des andern Tags mich alsogleich besuchet hat, und ein*

Mozart. Anonymes Pastellgemälde, 1786

grosses Verlangen bezeügt, mich können zu wollen, dieses hat grosses Aufsehen allhier gemacht, und der Platz wo ich logire, ware ganz angefüllt von versammleten Volck welches darüber resonnirte.[162] Nicht minder durfte sich Gluck geehrt fühlen durch die im selben Jahr erfolgte Veröffentlichung der «Mémoires pour servir à l'histoire de la Révolution opérée dans la Musique par Monsieur le Chevalier de Gluck». Diese Sammlung von Pamphleten, Briefen, Gedichten und Essays, die den wesentlichen Teil des Gluckisten-Piccinisten-Streits dokumentiert, belegt nicht nur den allgemein attestierten Anspruch und Rang des Gluckschen Schaffens, sondern weist dazu Glucks Tat, noch zu dessen Lebzeiten, als historische aus.

Den Brief allerdings, in dem Gluck vom Zarewitsch-Besuch erzählt, sowie alle folgenden mußte er diktieren, denn im Sommer 1781 hatte er seinen zweiten Schlaganfall erlitten: *Ich bin auf das neue den Tode aus den Rachen entwischet ohne vorhero von der ersten Kranckheit hergestellet zu seyn. Eine Lungenentzindung bekleitet mit einem Fieber haben mir die wenige Kräften die ich noch hatte vollends benohmen.*[163] Über diese Krankheit hatte auch Mozart seinem Vater berichtet: «Den Gluck hat der schlag gerührt, und man redet nicht gut von seinen gesundheitsumständen.»[164] Das Verhältnis von Mozart zu Gluck war eines gegenseitiger Achtung. Der Ältere protegierte den mehr als eine Generation Jüngeren, und Mozart hatte Gluck eine Aufführung der «Entführung aus dem Serail» zu verdanken: «Meine Oper ist ... wieder: und zwar auf begehren des glucks: gegeben worden; Gluck hat mir vielle Complimente darüber gemacht. Morgen speise ich bey ihm.»[165]

Über direkte musikalische Beeinflussung legt in erster Linie «Idomeneo» Zeugnis ab, wobei an melodische Wendungen, auch und vor allem an die Chorbehandlung erinnert sei. Es mögen ferner – nach Hermann Abert[166] – die übernatürlichen Szenen des «Don Giovanni», die Priesterchöre der «Zauberflöte» angeführt werden. Zuvorderst allerdings sind die Belebung der Protagonisten und der Handlung sowie der realistische Dialog zu nennen, kurz: die Überwindung Metastasios, die Mozart dem älteren Gluck zu danken hatte. Mozart war Zeuge der Vorbereitungen zur *Iphigenie auf Tauris*, der deutschen Fassung der *Iphigénie en Tauride*. Seinem Vater schrieb er: «Gestern war die erste Vorstellung von der *Iphigenie*. Ich aber nicht darin. Denn, wer ins Parterre gehen hat wollen, hat schon um 4 uhr hinein müssen... aber in den Proben war ich in fast allen.»[167] Diese *Iphigenie*, deren Premiere am 23. Oktober 1781 im Burgtheater stattfand, ist tatsächlich Glucks einziger musikdramatischer Beitrag *vor meine Nation*. Die Übersetzung besorgte er gemeinsam mit Johann Baptist Alxinger. Wieder wurde geändert; diese Umarbeitung geht von «kleinen, kaum merklichen Retouchen bis zur Neugestaltung des ganzen Orchestersatzes»[168].

Zu jener Zeit waren die Glucks in ein Haus im Wiener Vorort Perchtoldsdorf umgezogen. Die Absicht, *nach London zu gehen, wohin ich eingeladen bin meine schon verfertigte welsche Opern zu produciren*[169], ließ sich nicht verwirklichen; ein dritter Schlaganfall machte die Pläne zunichte. Nicht verwirklicht hatte sich auch eine ältere, noch aus der letzten Pariser Zeit stammende Idee einer letzten Oper über einen Calzabigi-Text. Im Jahre 1778 hatte Gluck bei seinem ersten Reform-Librettisten ein Textbuch bestellt, wie Calzabigi in einem offenen Brief an den «Mercure de France» im Jahre 1784 berichtete. Calzabigi hatte demzufolge zuerst eine «Semiramis» geliefert. Gluck nahm aber nicht dieses Libretto an, sondern ein zweites von Calzabigi verfaßtes: «Hypermestre». Dies war ein Stoff, den Gluck schon 34 Jahre zuvor, für Venedig, nach Metastasios Dichtung komponiert hatte.

Perchtoldsdorf

Tatsächlich hatten du Roullet und Tschudi Calzabigis «Hypermestre» übersetzt und eingerichtet. Am 31. Januar 1781 läßt Gluck Tschudi für *seyne überschickte poësie* danken, die er *examinieren*[170] wolle. Es ist wohl sicher, daß auch die schwere Krankheit dieses Jahres Gluck an der Komposition hinderte. Ohne Wissen Calzabigis übergab er dann seinem «Schüler» Salieri – der sich seit Glucks wohlwollender Beurteilung eines seiner frühen Werke als solcher verstand – den Text. In Salieris Vertonung hatte er als «Les Danaides» 1784 in Paris seine Uraufführung. Noch die Ankündigung sprach von einem Gemeinschaftswerk Glucks und Salieris. Gluck ließ erst nach einigen Aufführungen durch du Roullet im «Journal de Paris» einrücken, daß allein Salieri als Komponist zu gelten, er selbst lediglich mit Rat zur Seite gestanden habe. Du Roullet verschweigt in seinem Vorwort zu den «Danaiden» die direkte Übernahme von Calzabigis Versen und spricht von bloßer Beeinflussung. Salieri aber unterwirft sich in seiner Widmung an Marie-Antoinette dem väterlichen Vorbild; zu den «Danaiden» bekennt er: «Ich habe sie unter den Augen und der Leitung des berühmten Herrn Gluck geschrieben.»[171] Calzabigi kann nicht mehr tun – rechtliche Möglichkeiten kannte das 18. Jahrhundert ohne Copyright noch nicht –, als in einem offenen Brief an den «Mercure de France» die Eigentumsverhältnisse klarzustellen, die Vorgeschichte der Librettobestellung zu erwähnen und Salieris Komposition als unangemessen abzustempeln.

Über die Beendigung der Zusammenarbeit von Gluck und Calzabigi ist viel spekuliert worden. Es bleibt festzuhalten, daß nach den ersten drei Reformwerken eine weitere Zusammenarbeit nie ganz ausgeschlossen war, wie die «Danaiden» belegen. Wahrscheinlich ist, daß Gluck die französische Oper zunächst mit einem muttersprachlichen Librettisten erobern wollte. Und nicht von der Hand zu weisen ist, daß die Zusammenarbeit zweier derart «starker» Künstler von immensen Spannungen begleitet ist, die eine zeitweilige Trennung, sporadisches Miteinander geraten sein lassen, soll nicht an zu großen gegenseitigen Reibungen die Produktivität erstickt werden. Diese Überlegung mag auch auf Mozart und da Ponte angewandt werden, die sich nach drei Opern trennten.

Die Entstehungszeit des letzten Gluck-Werks, dem *De profundis*, für vierstimmigen Chor, tiefe Streicher, Fagott, Horn, Posaunen, ist un-

Glucks Sterbehaus, Wiedener Straße in Wien

Apotheose Glucks. Lithographie, 19. Jahrhundert

gewiß. Diese «ergreifende Anrufung der Gottheit»[172] hatte er Salieri übergeben; sie wurde sein Grabgesang. Mitte November des Jahres 1787 empfing er in seinem Wiener Stadthaus, das heute die Nummer vier der Wiedener Hauptstraße ist, zwei Besucher aus Paris. Nach dem Essen wurde Kaffee und Likör gereicht. Glucks Frau Maria Anna verläßt einen kurzen Moment das Zimmer, den der Meister dazu benutzt, ein Glas ihm verbotenen Likörs, das einer der Besucher abgelehnt hat, zu leeren. Dann folgt die gewohnte nachmittägliche Ausfahrt, die Gäste bleiben zurück. Auf dieser Fahrt traf ihn der letzte Schlag; nach wenigen Stunden verschied Gluck. Zwei Tage später, am 17. November, fand auf dem Matzleinsdorfer Friedhof unter großer Teilnahme der Bevölkerung die Beerdigung statt. Salieri leitete das *De profundis*. Glucks Frau folgte ihrem Mann am 12. März des Jahres 1800 in den Tod. Glucks Gebeine wurden später auf den Wiener Zentralfriedhof überführt. Der Gedenkstein des Grabes in Matzleinsdorf, heute im Museum der Stadt Wien, trägt die Inschrift:

«Hier ruht ein rechtschaffener deutscher Mann. Ein eifriger Christ. Ein treuer Gatte. Christoph Ritter Gluck. Der erhabenen Tonkunst großer Meister. Er starb am 15. November 1787.»[173]

Anmerkungen

1 Gülke, Peter: Rousseau und die Musik. Wilhelmshaven 1984. S. 165

2 Cassirer, Ernst: Die Philosophie der Aufklärung. Tübingen 1973. S. 16

3 Lepenies, Wolf: Das Ende der Naturgeschichte. Frankfurt a. M. 1978. S. 16

4 Wieland, Christoph Martin: Geschichte des Agathon, S. X (Sämmtliche Werke, Band 1, Hamburg 1984)

5 Mannlich, Johann Christian von: Rokoko und Revolution. Stuttgart 1966. S. 176

6 Ebd., S. 176 f

7 Ebd., S. 177

8 Moser, Hans Joachim: Christoph Willibald Gluck. Die Leistung, der Mann, das Vermächtnis. Stuttgart 1940. S. 24

9 Mannlich, S. 177

10 Arend, Max: Gluck. Berlin und Leipzig 1921. S. 103 f

11 Mueller, Erich H.: Gluck und die Brüder Mingotti. In: Gluck-Jahrbuch III, S. 6

12 Hortschansky, Klaus: Gluck e la famiglia degli Absburgo Lorena. In: Chigiana XXIX–XXX (1975), S. 572

13 Hortschansky, Klaus: Parodie und Entlehnung im Schaffen Christoph Willibald Glucks. Köln 1973. S. 56

14 Mueller, S. 8

15 Ebd., S. 10

16 Ebd.

17 Abert, Anna Amalie: Christoph Willibald Gluck. München 1959. S. 67

18 Einstein, Alfred: Gluck, sein Leben, seine Werke. Zürich–Stuttgart 1954. S. 60

19 Ebd., S. 69

20 Hortschansky: Parodie und Entlehnung..., S. 153 f

21 Benjamin, Walter: Das Kunstwerk im Zeitalter seiner technischen Reproduzierbarkeit. Frankfurt a. M. 1963

22 Hortschansky, Klaus: Doppelvertonungen in den italienischen Opern Glucks. Ein Beitrag zu Glucks Schaffensprozeß. In: AfM 24 (1967), S. 59. Siehe auch: ders., Parodie und Entlehnung...

23 Kratochwill, Max: Christoph Willibald Glucks Heiratskontrakt. In: Jahrbuch des Vereins für Geschichte der Stadt Wien, Bd. X, 1952/53, S. 235

24 Ebd., S. 239

25 Abert, S. 71

26 Einstein, S. 60

27 Gerber, Rudolf: Christoph Willibald Gluck. Potsdam 1952. S. 44

28 Einstein, S. 61

29 Hortschansky: Gluck e la famiglia..., S. 575

30 Dittersdorf, Karl Ditters von: Lebensbeschreibung (Hg.: N. Miller). München 1967. S. 59

31 Croll, Gerhard: Artikel «Gluck» in: Groves Dictionnary of Music

and Musicians. London 1980. Bd. 7, S. 458

32 Khevenhüller-Metsch, Rudolf Graf von, und Hans Schlitter (Hg.): Aus der Zeit Maria Theresias. Tagebuch des Fürsten Johann Joseph Khevenhüller-Metsch, Bd. 1752–1755. Wien–Leipzig 1910

33 Ebd., S. 175

34 Bruger, H. D.: Glucks dramatische Instrumentationskunst. Heidelberg 1922. S. 180

35 Khevenhüller-Metsch, S. 271

36 Hortschansky, Klaus: Unbekannte Aufführungsberichte zu Glucks Opern der Jahre 1748 bis 1765. In: Jahrbuch des Staatlichen Instituts für Musikforschung Preußischer Kulturbesitz 1969 (Berlin 1970), S. 25

37 Sternfeld, Friedrich W.: Glucks Operas and Italian Tradition. In: Chigiana XXIX–XXX, S. 275 f

38 Dittersdorf, S. 92

39 Gluck-Werke, Neue Ausgabe (NA), Bd. III/8 (Hg.: László Somfai), S. VII

40 Ebd., S. VI

41 Ebd.

42 Teuber, Oscar: Die Theater Wiens, Bd. 2: Das Hofburgtheater seit seiner Begründung. Wien 1896. S. 72

43 Ebd., S. 76

44 Haas, Robert: Die Wiener Ballet-Pantomime im 18. Jahrhundert und Glucks Don Juan. In: SMW 10, 1923, S. 17

45 Ebd., S. 13

46 Gülke, S. 26

47 Rousseau, Jean-Jacques: Musik und Sprache. Wilhelmshaven 1984. S. 10

48 Ebd.

49 Ebd., S. 118

50 Diderot, Denis: Ästhetische Schriften (Hg.: Friedrich Bassenge). 1968, Bd. 1 S. 227 (Dritte Unterredung über den Natürlichen Sohn)

51 Ebd., S. 228

52 Ebd., S. 311

53 Gluck-Werke, NA, Bd. II/1 (Hg.: Richard Engländer), S. XI

54 Finscher, Ludwig: Gluck und das lieto fine. In: Musica 18, 1964, S. 299 f

55 Guthke, Karl S.: Das bürgerliche Drama des 18. und frühen 19. Jahrhunderts. In: Walter Hinck (Hg.), Handbuch des deutschen Dramas. Düsseldorf 1980. S. 91

56 Heartz, Daniel: Orfeo ed Euridice. In: Chigiana XXIX–XXX, S. 383

57 Ebd., S. 385

58 Dittersdorf, S. 115

59 Hortschansky, Parodie und Entlehnung..., S. 83

60 Ebd., S. 85

61 Gluck-Werke, NA, Bd. II/1 (Hg.: Richard Engländer), S. XV

62 Gluck-Werke, NA, Bd. III/25 (Hg.: Bernd Baselt), S. IX

63 Einstein, S. 133

64 Hammelmann, Hanns, und Michael Rose: New Light on Calzabigi and Gluck. In: MT, Bd. CX, 1969, S. 609

65 Ebd.

66 Gluck-Werke, NA, Bd. I, 2 (Hg.: Karl Geiringer), S. IX

67 Teuber, S. 112

68 Zit. n. Haas, Robert: Gluck und Durazzo im Burgtheater. Zürich–Wien–Leipzig 1925. S. 175

69 Tenschert, Roland: Christoph Willibald Gluck. Olten 1951. S. 182

70 Ebd., S. 181

71 Mozart-Briefe: Bauer, W. A., und O. E. Deutsch (Hg.), Kassel–Basel etc. 1963. Bd. III, Brief vom 13. Oktober 1781

72 Gluck, Chr. W., Alceste (1767), II/2

73 Treichlinger, W. M. (Hg.): Chr. W. Gluck, Briefe. Zürich 1951. S. 37
74 Teuber, S. 131
75 Ebd.
76 Ebd.
77 Donà, Mariangela: Degli Archivi Milanesi, Lettere di Ranieri de Calzabigi e di Antoine Bernasconi. In: AIM 14/1974, S. 283
78 Abert, S. 181
79 Ebd., S. 261
80 Klopstock, Fr. G.: Briefe 1776–1782, historisch-kritische Gesamt-Ausgabe. Berlin 1982. Bd. VII/1 (Hg.: Helmut Riege), S. 165
81 Einstein, S. 185
82 Tenschert, S. 184
83 Ebd.
84 Klopstock-Briefe,Bd. VII/1,S. 164
85 Tenschert, S. 183, 185
86 Hortschansky, Klaus: Glucks Sendungsbewußtsein. Dargestellt an einem unbekannten Gluck-Brief. In: Mf 21, 1968, S. 31
87 Ebd.
88 Burney, Charles: Tagebuch einer musikalischen Reise. Wilhelmshaven 1980. S. 287
89 Ebd., S. 288
90 Einstein, S. 196
91 Leblond, G. M. (Hg.): Mémoires pour servir à l'histoire de la Révolution opérée dans la musique par M. le Chevalier Gluck. Paris 1781. S. 10
92 Finscher, Ludwig in: Gluck-Werke, NA, Bd. I, 6 (Hg.: L. Finscher), S. VII
93 Mannlich, S. 166
94 Ebd., S. 164
95 Ebd., S. 165
96 Ebd.
97 Ebd., S. 167
98 Ebd.
99 Desnoiresterres, Gustave: Gluck et Piccini. Paris 1872. S. 100
100 Gülke, S. 162

101 Desnoiresterres, S. 108
102 Gülke, S. 166
103 Gluck-Werke, NA, Bd. I, 6 (Hg.: L. Finscher), S. XI
104 Ebd., S. XV
105 Kinsky, Georg: Glucks Briefe an Franz Kruthoffer. Wien 1927. S. 19
106 Ebd., S. 17
107 Ebd.
108 Ebd., S. 21
109 Bachaumont, Louis: Mémoires secrèts pour servir à l'histoire de la république des lettres en France. London 1778. Bd. 9, S. 90
110 Mueller von Asow, Hedwig und Erich H. (Hg.): The Collected Correspondence and Papers of Christoph Willibald Gluck (übers. von St. Thomson). London 1962, S. 80
111 Ebd., S. 75
112 Kinsky, Briefe, S. 20
113 Klopstock-Briefe, Bd. VII/1, S. 23
114 Ebd., Bd. VII/2, S. 374
115 Ebd., Bd. VII/1, S. 164
116 Leblond, Mémoires pour servier..., S. 89f
117 Kinsky, S. 26
118 Leblond, Mémoires pour servir..., S. 43
119 Ebd., S. 124
120 Ebd., S. 151
121 Ebd., S. 161
122 Ebd., S. 164–169
123 Ebd., S. 176
124 Ebd., S. 180
125 Ebd., S. 177
126 Rousseau, Musik und Sprache, S. 85
127 Ebd., S. 85f
128 Diderot, Bd. 2, S. 316
129 Ebd., S. 465
130 Ebd., Bd. 1, S. 140
131 Mueller von Asow, S. 70
132 Ebd.
133 Ebd., S. 125
134 Kinsky, Briefe, S. 21f
135 Ebd., S. 22

136 Leblond, Mémoires pour servir..., S. 42

137 Rilke, Rainer Maria: Neue Ge-
dichte (1907). In: Werke in 6 Bän-
den. Frankfurt a. M. 1982. Bd. 2,
S. 298–305

138 Mueller von Asow, S. 136

139 Kinsky, Briefe, S. 30

140 Mueller von Asow, S. 133

141 Ebd.

142 Hanslick, Eduard: Die moderne
Oper. Berlin 1875. Bd. 1, S. 12

143 Leblond, Mémoires pour servir..., S. 428

144 Dahlhaus, Carl: Ethos und Pathos
in Glucks Iphigenie auf Tauris. In:
Mf 28, 1974, S. 289

145 Leblond, Mémoires pour servir..., S. 452

146 Schmid, Anton: Christoph Willibald Ritter von Gluck. Leipzig
1854. S. 200 f

147 Bachaumont, Mémoires secrèts..., Bd. 14, S. 82

148 Ebd., S. 185

149 Kinsky, Gluck-Briefe, S. 51 f

150 Ebd., S. 45

151 Ebd., S. 49

152 Mueller von Asow, S. 165

153 Kinsky, Briefe, S. 50

154 Ebd., S. 53

155 Einstein, S. 255

156 Klopstock-Briefe,Bd. VII/1,S. 165

157 Reichardt, Johann Friedrich: All-
gemeine musikalische Zeitung 15 /
1813, Sp. 669, 670

158 Kinsky, Briefe, S. 57

159 Ebd., S. 58

160 Ebd.

161 Ebd., S. 61

162 Ebd., S. 64 f

163 Ebd., S. 63

164 Mozart-Briefe, Bd. III, Brief vom
27. Juni 1782

165 Ebd., Brief vom 7. August 1782

166 Abert, Hermann: Mozart and
Gluck. In: ML X/1929, S. 258

167 Mozart-Briefe, Bd. III, Brief vom
24. Oktober 1781

168 Gluck-Werke, NA, Bd. I/11 (Hg.:
Gerhard Croll), S. VIII

169 Kinsky, Briefe, S. 71

170 Ebd., S. 59

171 Einstein, S. 251

172 Ebd., S. 257

173 Tenschert, S. 161

Zeittafel

1714	Geboren am 2. Juli in Erasbach (Oberpfalz) als Sohn des Forstaufsehers bzw. Forstmeisters Alexander Gluck und seiner Frau Maria Walburga
1717	Umzug der Familie nach Reichstadt (Liberec), Nordböhmen
1722	Umzug der Familie nach Böhmisch-Kamnitz (České-Kamenice)
1727	Umzug der Familie nach Eisenberg (Železný Brod) nahe Komotau (Chomutov); dort vermutlich Instrumentalunterricht, u. a. Orgel
1727 (?)	Heimliche Flucht nach Prag; unterwegs tätig als Organist; in Prag vermutlich Schulbesuch
1731	Immatrikulation als Student der Logik und Mathematik an der Universität Prag
1734/35	Übersiedlung nach Wien; vermutlich in Diensten der Fürsten Lobkowitz
1737	Übersiedlung nach Mailand; vermutlich zuerst in Diensten des Prinzen Antonio Maria Melzi. Während der folgenden vier Jahre vermutlich Kontakt mit (Unterricht bei ?) Giovanni Battista Sammartini; evtl. Entstehung der sechs *Triosonaten*
1741	Debut als Opernkomponist mit *Artaserse* in Mailand
1742	*Demetrio*, Venedig
1743	*Demofoonte*, Mailand; *Tigrane*, Crema
1744	*La Sofonisba*, Mailand; *Ipermestra*, Venedig; *Poro*, Turin
1745	*Ippolito*, Mailand. Reise nach London (über Frankfurt?), Ankunft in London im Herbst
1746	*La caduta de' giganti* und *Artamene*; Solo- und Benefizkonzerte, u. a. mit Glasharmonika (26 Gläser); Treffen mit Händel. Veröffentlichung der *Triosonaten*. Abreise auf den Kontinent
1747	In diesem oder dem Jahr davor: Anschluß an die Truppe Pietro Mingottis. In Dresden: *Le nozze d'Ercole e d'Ebe*
1748	Erster Hofauftrag aus Wien: *La Semiramide riconosciuta*. Rückkehr zur Truppe Mingottis
1749	Mit dieser Truppe in Kopenhagen *La contesa de' numi*, Solokonzerte. Ende des Jahres in Prag: erste Fassung des *Ezio* durch die Truppe G. B. Locatellis
1750	Hochzeit mit Maria Anna Bergin (24. Juli 1732–12. März 1800)
1752	*Issipile*, Prag, durch Locatellis Truppe. Im Herbst in Neapel *La clemenza di Tito*
1753	Mitglied der Kapelle des Prinzen von Sachsen-Hildburghausen

1754	*Le cinesi*, Schloßhof bei Wien.
	Durazzo alleiniger Leiter der Wiener Theater. Er engagiert Gluck «zur Komponierung der Theatral- und Akademie-Musik». Beginn der Einrichtung der aus Paris eingeführten «opéras comiques», noch ohne Eigenkompositionen
1755	*La danza*. Wiedereröffnung des umgebauten Burgtheaters mit *L'innocenza giustificata*
1756	Rom: *Antigono*; vermutlich danach Ernennung zum päpstlichen «Ritter vom Goldenen Sporn». Wohl auch Aufnahme in die «Accademia dell'Arcadia». In Wien: *Il re pastore*
1758	Ebenda: Beginn der Serie der «opéras comiques» mit allmählich wachsendem Anteil an Gluckscher Musik; zunächst *La fausse esclave* und *L'île de Merlin*, gefolgt von
1759	*La Cythère assiégée, Le diable à quattre, L'arbre enchanté, ou Le tuteur dupé* und
1760	*L'ivrogne corrigé*. Danach *Tetide*, eine «serenata» zur ersten Hochzeit des nachmaligen Joseph II. mit Isabella von Parma
1761	Erste Ballett-Pantomime *Don Juan, ou Le festin de Pierre* am 17. Oktober, zusammen mit Gasparo Angiolini und Raniero dè' Calzabigi; vorletzte opéra comique: *Le cadi dupé*
1762	*Orfeo ed Euridice* am 5. Oktober, die erste Zusammenarbeit mit dem Librettisten Calzabigi. Einrichtung der Musik zu *Arianna*, einem «pasticcio»
1763	Mit Dittersdorf nach Bologna; dort *Il trionfo di Clelia*; Treffen mit Padre Martini. Zweite Fassung des *Ezio*
1764	Letzte «opéra comique»: *La rencontre imprévue*; zweite Ballett-Pantomime *Alessandro* (*Les Amours d'Alexandre et de Roxane*)
1765	Drei Werke anläßlich der zweiten Hochzeit Josephs II. mit Maria Josepha von Bayern: *Il parnaso confuso, Telemaco, ossia l'isola di Circe* (Libretto von Marco Coltellini) und *Semiramis*, die dritte Ballett-Pantomime. Vierte Ballett-Pantomime *Iphigénie*, Musik verloren. Das fünfte Werk dieses Jahres, *La corona*, wegen des Todes von Franz I. nicht aufgeführt
1767	In Florenz: *Il prologo*, als Prolog zu Traettas «Ifigenia in Tauride», die Gluck dirigierte. Zweite Oper mit Calzabigi: *Alceste* am 16. Dezember
1768	Umarbeitung der *Innocenza giustificata* zu *La vestale*, Musik verloren. Haus am Rennweg in Wien
1769	In Parma zur Hochzeit von Ferdinand von Spanien mit Erzherzogin Maria Amalia: *Le feste d'Apollo*. Beginn der Freundschaft mit Giuseppe Millico, einem der wichtigsten Gluck-Darsteller. Nicht aufgezeichnete Vertonung einiger Barden-Gesänge aus Klopstocks «Hermanns-Schlacht»; eventuell Komposition der (erhaltenen) Oden. Kurze Zeit mit d'Affligio Leitung des Burgtheaters
1770	*Paride ed Elena*, die dritte und letzte Oper nach und mit Calzabigi
1772	Nach Burneys Zeugnis war die erste französische Oper, *Iphigénie en Aulide*, Libretto von du Roullet, bereits fertiggestellt, obwohl noch nicht notiert. Beginn der «Eroberung von Paris»: du Roullet schreibt den ersten Brief an den «Mercure de France»

1773	Gluck bietet gleichfalls seine *Iphigénie* an. Vertrag mit der «Académie royale de musique» über sechs Opern
1774	Öffentliche Proben; am 19. April Premiere der *Iphigénie en Aulide*, gefolgt von *Orphée et Euridice* am 2. August. Während der zweiten Paris-Reise im Herbst Treffen mit Klopstock
1775	Zweite Version der *Iphigénie en Aulide*; umgearbeitete und verlängerte *Cythère assiégée*
1776	*Alceste* am 23. April. Tod der Nichte Marianne (Tochter seiner jüngsten Schwester Maria Anna), die an Kindes statt bei den Glucks lebte
1777	Nach der *Armide*-Premiere am 29. Mai Zuspitzung des «Gluckisten-Piccinisten»-Streits
1779	Letzte Opern in Paris: am 18. Mai *Iphigénie en Tauride*, am 24. September *Écho et Narcisse*. Erster Schlaganfall
1781	Zweiter Schlaganfall. Umzug nach Perchtoldsdorf. Deutsche *Iphigenie auf Tauris*, übersetzt mit J. B. von Alxinger. Uraufführung am 23. Oktober
1783	Reisepläne durch dritten Schlaganfall vereitelt
1785/86	Die Klopstock-Oden erscheinen im Druck
1787	Am 15. November Tod in seinem Wiener Stadthaus in der Wiedener Hauptstraße 32

Zeugnisse

Wilhelm Heinse (1746–1803)
Wo Gluck ins hohe Pathos übergeht, ist's ein Regen und Sturmwind in Tönen. Stärke und Kraft hat er genug, aber wenig schöne Melodie. Was ihn in seinen neuen Opern von allen unterscheidet, ist die Einheit der Instrumentalmusik durchs Ganze und die immerwährend eigne Deklamation der Stimmen voll Rhythmus. Es ist Gluckischer Akzent, Gluckische Originalität. Der vortreffliche Ausdruck des Heftigen, Gewaltigen und Leidenden setzt ihn unter die ersten tragischen Meister.

«Hildegard von Hohenthal». 1795/96

Friedrich Schiller (1759–1805)
Hier erwartet Sie die Iphigenia... Die Musik ist so himmlisch, daß sie mich selbst in der Probe unter den Possen und Zerstreuungen der Sänger und Sängerinnen zu Tränen gerührt hat. Ich finde auch den dramatischen Gang des Stücks überaus verständig; übrigens bestätigt sich Ihre neuliche Bemerkung, daß der Anklang der Namen und Personen an die alte poetische Zeit unwiderstehlich ist.

An Goethe, 24. Dezember 1800

E. T. A. Hoffmann (1776–1822)
So wie die mehrsten unserer neuesten Opern nur Konzerte sind, die auf der Bühne im Kostüm gegeben werden: so ist die Glucksche Oper das wahre musikalische Drama, in welchem die Handlung unaufhaltsam von Moment zu Moment fortschreitet. Alles was diesem Fortschreiten hinderlich ist, alles was des Zuhörers Spannung schwächen und seine Aufmerksamkeit auf Nebendinge – man möchte sagen, von der Gestalt auf den Schmuck – lenken kann, ist auf das sorgfältigste vermieden und eben die dadurch entstehende höchste Präzision erhält das Ganze energisch und kraftvoll... Nur die höchste Erkenntnis der Kunst, nur die unumschränkte Herrschaft über die Mittel des musikalischen Ausdrucks spricht sich in der hohen Simplizität aus, mit welcher der große Meister die stärksten, leidenschaftlichsten Momente des Dramas behandelt.

«Schriften zur Musik». 1810

Richard Wagner (1813–83)

Auch in Ihrem Eifer für Gluck kann ich Sie nur begreifen, wenn ich mir Sie in einer gewissen Befangenheit vorstelle. Auch ich hatte eine Zeit, wo ich meiner natürlichen Empfindung so sehr mistraute, daß ich nur nach einer gewissen Norm zu fühlen mich bemühte, wie es uns durch unsre ganze Erziehung von der Wiege an als nothwendig beigebracht wird: jetzt kann ich nur noch durch höchste Aufrichtigkeit existiren, und mit dieser gestehe ich Ihnen, daß mich Gluck nie erquickt, sondern stets gepeinigt hat... Grade ich, der ich mir mit Gluck'schen Opern die größte Mühe gab, empfand am deutlichsten, wie nur die künstlerischen Reizmittel im Stande waren über die tödtliche Steifheit von Formen zu täuschen, über die wir längst in's Reine gekommen wären, wenn wir das aus wirklicher Begeisterung geschaffene – Einzelne, als vollkommen von dem eigentlichen Ganzen abzutrennen erkannt hätten. Dieses Ganze aber ist und bleibt todt, außer in unser abstrahirenden, willkürlichen Phantasie.

An Eduard Devrient, 9. September 1852

Franz Liszt (1811–86)

Das Genie besteht absolut in sich selbst als geheimthätige Kraft, als Fähigkeit des Schaffens, des Erfindens, der freien Inspiration oder des Hellsehens. Es spricht das Wort aus, an welchem andere buchstabiren, – es findet das Geheimnis, welches andere suchen, – es sieht Licht, wo die andern im Dunkeln tasten, – es führt aus, was andere erst viel später als Nothwendigkeit und Bedürfnis empfinden: aber die Sphäre seines Handelns, die Form, in der es sich kundgiebt, die Feststellung seiner Art und Weise, die Farbe seines Banners, die Richtung seiner Bestrebungen hängen von dem Medium ab, in welches die Natur den Genius versetzt hat, von der Zeit, in welcher er erscheint, vom Orte, von den Ideen, in deren Schoß er erwächst. Die von seinen Zeitgenossen gewonnenen Begriffe sind ihm ein Piedestal, von dem aus er einen scharfen Blick in die Vergangenheit oder in die Zukunft wirft – in die Vergangenheit, um sie zu resümiren, um ihre Ideen, Gefühlsweise und Formen in so vollkommene Typen zu fassen, daß sie unnachahmlich bleiben; in die Zukunft, um weissagend das erste Senkblei in ihre Tiefe zu werfen, ihre Räthsel zu deuten, ihr die Wege zu bereiten.

Gluck war in diesem letzten Fall.

«Dramaturgische Blätter». 1854

Hector Berlioz (1803–69)

[Mir scheint] daß ein Künstler, der ein Werk hat hervorbringen können, durch welches zu allen Zeiten erhabene Gefühle, schöne Leidenschaften im Herzen einer gewissen Klasse von Menschen entstehen, die für uns wegen ihrer feinfühligen Organe und ihrer geistigen Kultur höher stehen als andere Menschen, mir scheint, sage ich, daß ein solcher Künstler ein

Genie ist, daß er den Ruhm verdient, daß er etwas Schönes geschaffen hat. So war Gluck.

«Musikalische Streifzüge». 1859

Eduard Hanslick (1825–1904)
Während wir auf dem Gebiet des Wunderbaren und Romantischen, der leidenschaftlichen und zärtlichen Liebe durch die späten Meister, Mozart, Beethoven, Weber, zu sehr verwöhnt sind, um hierin Glucks Farben hinreichend warm und kräftig zu finden, hat die spätere Oper nichts, gar nichts hervorgebracht, was mit Gluck's Betonung griechischer Tragödienstoffe verglichen werden könnte. Die scharfen, plastischen Contouren seiner Melodie, die nachdrückliche Declamation, die vornehme Sparsamkeit der Begleitung machen diese Opern zu einem musikalischen Spiegelbilde der Tragödien von Sophokles und Euripides. Jahrtausende sind über den Glanz dieser Sterne der Dichtkunst hinweggegangen, bevor die Tonkunst die Stufe erreicht hatte, auf welcher ein Gluck der erste und letzte Repräsentant der antiken Classik auf dem Gebiet der dramatischen Musik werden konnte.

«Die moderne Oper». 1875

Werkverzeichnis

Ein Großteil des Gluckschen Werks ist verschollen; es handelt sich zumeist um die Opern der frühen italienischen Periode des Komponisten. Ein weiterer Teil liegt lediglich in Handschriften vor. Es sei in diesem Zusammenhang auf Alfred Wotquennes «Thematisches Verzeichnis der Werke Glucks» von 1904, mit «Ergänzungen und Nachträgen» von Josef Liebeskind (1911) sowie auf die einschlägigen Artikel in «Die Musik in Geschichte und Gegenwart» («MGG»), vor allem in «Grove's Dictionary of Music and Musicians» («Grove's») verwiesen, ferner auf Klaus Hortschanskys grundlegende Studie «Parodie und Entlehnung im Schaffen Christoph Willibald Glucks».

In Paris erschien auf Anregung von Fanny Pelletan, einer französischen Gönnerin, ab 1873 und mit Berthold Damcke, Camille Saint-Saëns sowie Julien Tiersot als Herausgebern, eine Ausgabe der sechs französischen Meisterwerke Glucks, die sogenannte «Pelletan-Ausgabe»; es handelt sich also um: *Armide, Iphigénie en Aulide, Iphigénie en Tauride, Alceste, Orphée et Eurydice* und *Écho et Narcisse* (in der Reihenfolge des Erscheinens).

Seit 1951 ist eine Gesamtausgabe im Entstehen begriffen: «Christoph Willibald Gluck. Sämtliche Werke. Begründet von Rudolf Gerber, herausgegeben von Gerhard Croll». Sie ist in fünf Abteilungen gegliedert. Deren erste umfaßt das musikdramatische Reformwerk, die zweite die Ballett-Pantomimen, die dritte die italienischen opere serie, die vierte die französischen opéras comiques, die fünfte das kammermusikalische Werk. Es sind bislang erschienen:

I / 1	Orfeo ed Euridice (Hg.: Anna Amalie Abert)
I / 2	Telemaco (Hg.: Karl Geiringer)
I / 3a	Alceste (ital.; Hg.: Gerhard Croll)
I / 4	Paride ed Elena (Hg.: Rudolf Gerber)
I / 5a	Iphigénie en Aulide (Hg.: Marius Flothuis)
I / 5b	Kritischer Bericht zu Iphigénie en Aulide
I / 6	Orphée et Euridice (Hg.: Ludwig Finscher)
I / 7	Alceste (frz.; Hg.: Rudolf Gerber)
I / 8a	Armide (Hg.: Klaus Hortschansky)
I / 8b	Kritischer Bericht zu Armide
I / 9	Iphigénie en Tauride (Hg.: Gerhard Croll)
I / 10	Écho et Narcisse (Hg.: Rudolf Gerber)
I / 11	Iphigenie auf Tauris (Hg.: Gerhard Croll)

Innerhalb der anderen Gruppen sind bereits erschienen:

II / 1   Don Juan & Semiramis (Hg.: Richard Engländer bzw. Gerhard Croll)
III / 8   Il re pastore (Hg.: László Somfai)
III / 14 Ezio (Prag 1750; Hg.: Gabriele Buschmeier & Hanspeter Bennwitz)
III / 17 Le cinesi (Hg.: Gerhard Croll)
III / 18 La danza (Hg.: Gerhard Croll)
III / 22 Tetide (Hg.: László Somfai)
III / 24 Ezio (Wien 1763/64; Hg.: Gabriele Buschmeier)
III / 25 Il parnaso confuso (Hg.: Bernd Baselt)
III / 26 La corona (Hg.: Gerhard Croll)
IV / 1   L'île de Merlin (Hg.: Günter Hausswald)
IV / 3   Le Diable à quatre ou La Double Métamorphose (Hg.: Bruce Alan Brown)
IV / 5   L'ivrogne corrigé (Hg.: Franz Rühlmann)
V / 1   Trios (Hg.: Friedrich-Heinrich Neumann)

Zwei weitere Werke sind in Denkmal-Ausgaben herausgegeben; in den «Denkmälern der Tonkunst in Bayern» bzw. den «Denkmälern der Tonkunst in Österreich»:

DTB 26 Le nozze d'Ercole e d'Ebe (Hg.: Hermann Abert)
DTÖ 82 L'innocenza giustificata (Hg.: Alfred Einstein)

Bibliographie

Es sei auch hier auf die einschlägigen Artikel in «Grove's» und «Herders Lexikon der Musik» verwiesen, dazu auf Anna Amalie Aberts Literaturbericht «Die Oper zwischen Barock und Romantik» in: AMl 49/1977. Im Folgenden sind nur Gesamtdarstellungen, Briefausgaben und grundlegende Untersuchungen aufgeführt.

1. Gesamtdarstellungen

SCHMID, ANTON: Christoph Willibald Ritter von Gluck. Leipzig 1854

MARX, ADOLPH BERNHARD: Gluck und die Oper. Berlin 1863 – Reprint 1970

REISSMANN, AUGUST: Christoph Willibald von Gluck. Sein Leben und seine Werke. Berlin 1882

WELTI, HEINRICH: Gluck. Leipzig 1888

NEWMAN, ERNEST: Gluck and the Opera. London 1895 – Reprint 1964

TIERSOT, JULIEN: Gluck. Paris 1910

AREND, MAX: Gluck. Berlin 1921

TOVEY, D. F: Christoph Willibald Gluck (1714–1787) and the Musical Revolution of the Eighteenth Century. In: The Heritage of Music II. Hg. H. J. Foss: Oxford 1934 – Reprint in: Essays and Lectures on Music. London 1949

COOPER, MARTIN: Gluck. London 1935

EINSTEIN, ALFRED: Gluck. London 1936 – dt.: Zürich 1954; Nachdruck: Kassel–Basel 1987 [Mit einem Vorwort von Gerd Albrecht]

MOSER, HANS JOACHIM: Christoph Willibald Gluck. Die Leistung, der Mann, das Vermächtnis. Stuttgart 1940

GERBER, RUDOLF: Christoph Willibald Gluck. Potsdam [2]1950

BRANDL, W.: Christoph Willibald Ritter von Gluck. Wiesbaden 1948

PROD'HOMME, JACQUES-GABRIEL: Gluck. Paris 1948

TENSCHERT, ROLAND: Christoph Willibald Gluck. Olten 1951

ABERT, ANNA AMALIE: Christoph Willibald Gluck. München 1959

FELIX, WERNER: Christoph Willibald Gluck. Leipzig 1965

2. Briefausgaben

KINSKY, GEORG (Hg.): Glucks Briefe an Franz Kruthoffer. Wien 1927
TREICHLINGER, W. M. (Hg.): Briefe (Auswahl). Zürich 1951
MUELLER VON ASOW, HEDWIG und ERICH H. (Hg.): The Collected Correspondence and Papers of Christoph Willibald Gluck. London 1962

3. Sonstige Literatur (Auswahl)

HORTSCHANSKY, KLAUS: Parodie und Entlehnung im Schaffen Christoph Willibald Glucks. Köln 1973
GÜLKE, PETER: Rousseau und die Musik. Wilhelmshaven 1984
ROUSSEAU, JEAN-JACQUES: Musik und Sprache. Ausgewählte Schriften (übers. und hg. von Dorothea und Peter Gülke). Wilhelmshaven 1984
LÜHNING, HELGA: Titus-Vertonungen im 18. Jahrhundert. Laaber 1983
DAHLHAUS, CARL: Euripides, das Absurde Theater und die Oper. In: DAHLHAUS, Vom Musikdrama zur Literaturoper. München 1983
DAHLHAUS, CARL (Hg.): Neues Handbuch der Musikwissenschaft, Bd. 5. Die Musik des 18. Jahrhunderts. Wiesbaden 1985
MILLER, NORBERT: Christoph Willibald Gluck und die musikalische Tragödie. Zum Streit um die Reformoper und den Opernreformator. In: HERMANN DANUSER (Hg.), Gattungen der Musik und ihre Klassiker. Laaber 1988
CROLL, GERHARD: Eine Premiere nach 222 Jahren. Zur Aufführung von Metastasio – Glucks «La Corona» im Schloß Schönbrunn. ÖMZ 42/1987
ULM, RENATE: Glucks Orpheus-Opern. Die Parma-Fassung von 1769 als wichtiges Bindeglied zwischen dem Wiener Orfeo von 1762 und dem Pariser Orphée von 1774. Frankfurt a. M. 1991
HENZEL, CHRISTOPH: Zwischen Hofoper und Nationaltheater. Aspekte der Gluck-Rezeption in Berlin um 1800. AfMw 30/1993

Tonträger (Auswahl)

Vom *Orfeo* liegen die meisten Einspielungen vor, zumeist allerdings auch in der Mischfassung, die Berlioz, nach dessen Tod Saint-Saëns, besorgte. Diese Version benutzt Teile sowohl der Wiener Fassung von 1762 als auch der Pariser von 1774. Außerdem wurde die Tenorlage des Orpheus rücktransponiert zum Mezzosopran. Den meisten Aufführungen bis in die sechziger Jahre unseres Jahrhunderts wie auch den folgenden Einspielungen liegt diese Ausgabe zugrunde:
– EMI 157 25 637; Kathleen Ferrier, Greet Koeman, Nel Duval; Charles Bruck; italienisch gesungen. Diese Live-Aufnahme (Amsterdam 1951) hält die unerreichte Interpretation Kathleen Ferriers fest.
– Erato 750423; Janet Baker, Elisabeth Speiser, Elizabeth Gale; Raymond Leppard; italienisch gesungen.
– Heliodor 2700103; Dietrich Fischer-Dieskau, Maria Stader, Rita Streich; Ferenc Fricsay; deutsch gesungen.
Eine merkwürdige Mischfassung stellt die Solti-Aufnahme dar: insgesamt dem französischen Text folgend, aber rück- und notwendig teilweise neuübersetzt ins

Italienische, dazu auch die Stimmlage Mezzosopran der italienischen Version benutzend:
- Decca SET 443–4; Marilyn Horne, Pilar Lorengar, Helen Donath; Georg Solti; italienisch gesungen.

An die Wiener Fassung von 1762 hält sich nur die Aufnahme unter Riccardo Muti, die wegen der Leistung Mutis, seinem dramatischen und inspirierten Dirigat, das nie zum Tänzelnden abfällt, nachdrücklich empfohlen sei:
- EMI 15743266/67; Agnes Baltsa, Margaret Marshall, Edita Gruberova; Riccardo Muti; italienisch gesungen.

Von der französischen Fassung, Paris 1774, liegen zwei Einspielungen vor:
- Philips 6770033 (mono); Léopold Simoneau, Suzanne Danco, Pierrette Alarie; Hans Rosbaud; französisch gesungen.
- EMI 2912583 (mono); Nicolai Gedda, Janine Micheau, Liliane Berton; Louis de Froment; französisch gesungen.

Bei dieser Aufnahme handelt es sich um eine wiederveröffentlichte Studioproduktion aus dem Jahre 1958, die durch Nicolai Geddas hinreißende und ergreifende Darstellung herausragt.

Die italienische *Alceste* von 1767 liegt in einer Einspielung vor, die vor allem wegen Kirsten Flagstad zu den Höhepunkten der Schallplatten-Geschichte zählen darf:
- Decca (TIS) GOS 574–6; Kirsten Flagstad, Raoul Jobin, Alexander Young etc.; Geraint Jones.
- Cetra LO 50; Maria Callas, Renato Gavarini etc.; Carlo Maria Giulini.

Von der französischen *Alceste* (1776) seien die folgenden Aufnahmen erwähnt:
- Le Chant du Monde LDX 78753/55; Ethel Semser, Enzo Seri etc.; René Leibowitz. Diese alte Mono-Aufnahme ist bedeutsam wegen der imponierenden Leitung durch Leibowitz.
- Orfeo S 027823 F; Jessye Norman, Nicolai Gedda etc.; Serge Baudo.

Zu den bislang vernachlässigten Werken zählt die dritte Wiener Reform-Oper *Paride ed Elena*. Nur eine Aufnahme liegt vor:
- Orfeo F 118843; Ileana Cotrubas, Franco Bonisolli etc.; Lothar Zagrosek.

Die *Iphigenie in Aulis* existierte auf Schallplatten lange nur in der Umarbeitung Richard Wagners:
- Eurodisc 86271; Anna Moffo, Dietrich Fischer-Dieskau, Thomas Stewart etc.; Kurt Eichhorn.
- Melodram 048 (erschienen als Nr. 48 der «50 interpretazioni liriche indimenticabili»), mono; Martha Musial, Dietrich Fischer-Dieskau, Helmut Krebs, Joseph Greindl etc.; Arthur Rother.

In jüngster Zeit kam endlich die Originalfassung *Iphigénie en Aulide* auf den Markt:
- Erato 2292-45003-2; José van Dam, Lynne Dawson etc.; John Eliot Gardiner

Zweimal liegt die *Armide* auf Schallplatte vor:
- Melodram 154, mono; Anna de Cavalieri, Mirto Picchi etc.; Mario Rossi.
- EMI 1571077; Felicity Palmer, Anthony Rolfe Johnson etc.; Richard Hickox.

Vom vorletzten Gluckschen Musikdrama *Iphigénie en Tauride* seien die nachfolgenden Einspielungen angeführt:
– Replica 32494, mono; Maria Callas, Dino Dondi, Francesco Albanese etc.; Nino Sanzogno; italienisch gesungen. Dieser Live-Mitschnitt vom 1. Juni 1957 bietet die unvergleichliche und maßgebende Interpretation der Callas; auch dies einer der Höhepunkte der Opernproduktionen auf Schallplatten.
– Philips 416148–2; Diana Montague, Thomas Allen, John Aler, René Massis etc.; John Eliot Gardiner.
– Orfeo S 052833 F; Pilar Lorengar, Franco Bonisolli, Walton Grönroos, Dietrich Fischer-Dieskau etc.; Lamberto Gardelli.
– EMI 137173171–3; Patricia Neway, Léopold Simoneau, Pierre Molet, Robert Massard etc.; Carlo Maria Giulini.

Auch das letzte Werk Glucks *Echo et Narcisse* liegt endlich auf Tonträgern vor:
– Hek 905201/02; Boulin, Massell, Galliard etc.; René Jacobs

Als weitere Aufnahmen Gluckscher Werke seien erwähnt:
– EMI 1695751: *Le Cinesi*; Isabelle Poulenard etc.; René Jacobs.
– STU 71449: *Don Juan*; English Baroque Soloists; John Eliot Gardiner.
– Orfeo S 135872 H: *La Danza. La Corona*; Warschauer Kammeroper; Tomasz Bugaj.
– Philips 9502112: Recital Janet Baker.
– Orfeo C 242912: Les Pélérins de la Meque ou Le Rencontre imprévue; Kaufmann, Vermillion etc.; Leopold Hager

Den Schallplattenfirmen danke ich für ihre großzügige Unterstützung.

Namenregister

Die kursiv gesetzten Zahlen bezeichnen die Abbildungen

Abert, Hermann 129
Abos, Jeronimo 38
d'Affiglio, Giuseppe 77f, 87
Albani, Alessandro Kardinal 51
d'Alembert, Jean Le Rond 99
Algarotti, Graf Francesco 84f, 97
Alxinger, Johann Baptist 129
Angiolini, Gasparo (Domenico Maria
   Angiolo Gasparini) 58f, 68, 72, 77
Arnaud, François 99, 105, 107, 110,
   113, 118, 123
d'Auvergne, Antoine 94

Bach, Johann Christian 70
Bach, Johann Sebastian 9, 10, 18, 28, 53
Bachaumont, Louis 107
Barry, Jeanne Bécu, Comtesse du 111
Beethoven, Ludwig van 35, 98
Benjamin, Walter 35, 63, 93
Bergin, Joseph 36
Bergin, Maria Anna s. u. Maria Anna
   Gluck
Bergin, Maria Theresia 36
Berlioz, Hector 76
Bernasconi, Antonia 103
Berton, Pierre 104
Bertoni, Ferdinando 10, 70
Bevilaqua, Graf Luigi 69
Bloch, Ernst 69
Bonno, Giuseppe 42, 46, 51f
Burney, Charles 91f, *92*

Caldara, Antonio 17, 42
Calzabigi, Ranieri da 21, 44f, 59f, 62,
   67f, 72f, 75f, 79, 80, 83f, 87, 129f, *59*

Caraccioli 118, 127
Casanova de Seingalt, Giacomo 45,
   59f, 77
Charles Edward, Thronprätendent 26
Christian VII., König von Dänemark
   und Norwegen 34
Coltellini, Marco 72f, 76

Diderot, Denis 60f, 97, 114, *62*
Ditters von Dittersdorf, Karl 41, 44, 51,
   69f, *43*
Duni, Egidio Romualdo 53
Duplessis, Joseph-Silfrède 103
Durante, Francesco 39
Durazzo, Graf Giacomo 45f, 52, 55,
   57, 60, 63, 70, 72, 77, 84f, *47*

Einstein, Alfred 34, 87
Esterházy, Graf Franz 45

Farinelli (Carlo Broschi) 51f
Favart, Charles-Simon 55f, 67, *54*
Ferdinand, Infant von Spanien 86
Fielding, Henry 7
Franz I., Kaiser 26, 42, 76f
Freud, Sigmund 73, 121
Fux, Johann Joseph 17f, 53

Gaßmann, Florian Leopold 41, 73
Gersin 126
Giovanni, Herzog von Braganza 90
Gleim, Johann Wilhelm Ludwig 86
Gluck, Alexander 13f, 23
Gluck, Franz Anton 13
Gluck, Maria Anna 36f, 87, 108, 133,
   37

150

Gluck, Maria Anna Rosina 13
Gluck, Maria Walburga 13, 19
Goethe, Johann Wolfgang von 7, 109, 119f, 126
Goldoni, Carlo 23, 55
Gossec, François-Joseph 108, 118, 122
Gravina, Gian Vincenzo 19f, 51
Grétry, André 99
Grimm, Friedrich Melchior Baron von 73, 97, 99, 123
Guglielmi, Pietro Alessandro 83
Guillard, Nicolas-François 118

Händel, Georg Friedrich 10, 12, 13, 21, 26f, 29, 41, 53, 124, *27*
Hanslick, Eduard 56
Hasse, Johann Adolf 10, 24, 30f, 46, 50
Haydn, Joseph 55f
Hébert, Jean-Louis 45
Hedler, Claudius 13
Hedler, Marianne 13, 91, 108, *108*
Hilverding, Franz 77
Horaz (Quintus Horatius Flaccus) 121
Hortschansky, Klaus 36
Houdon, Jean-Antoine 103

Isabella, Prinzessin von Bourbon-Parma 57

Jommelli, Niccolò 10, 110
Joseph, Erzherzog s. u. Joseph II.
Joseph II., Kaiser 57, 70, 73f, 86, *32*

Kant, Immanuel 7, 98
Karl August, Großherzog von Sachsen-Weimar 126
Karl Theodor, Kurfürst von der Pfalz und von Bayern 13
Kaunitz-Rietberg, Graf Wenzel Anton von 45, 60, 75, 87
Khevenhüller-Metsch, Johann Joseph Graf von 45, 48, 51, 73, 83
Kinsky, Graf Philipp Joseph 14
Klopstock, Friedrich Gottlieb 86f, 104, 108f, 126, *85*
Kruthoffer, Franz 105, 111, 116, 118, 126

La Harpe, Jean-François de 99f, 113, 116f, 121
Le Gros 99, 103, 104
Leo, Leonardo 25
Leopold, Erzherzog s. u. Leopold II.
Leopold II., Kaiser 47, 73f, 77
Lessing, Gotthold Ephraim 63
Lobkowitz, Fürst Ferdinand Philipp 16, 26, *16*
Lobkowitz, Fürst Georg Christian 23
Lobkowitz, Prinz Philipp Hyacinth 14, 16, 23
Locatelli, Giovanni Battista 30, 34, 37
Lopresti, Baron Rocco 45
Ludwig XV., König von Frankreich 98
Ludwig XVI., König von Frankreich 7
Lully, Jean-Baptiste 45, 57, 60, 96, 100, 105, 111, 114

Mannlich, Johann Christian von 13f, 96
Maria, Großfürstin 127
Maria Amalia, Erzherzogin 74, 85
Maria Charlotte, Erzherzogin 74
Maria Elisabeth, Erzherzogin 74
Maria Josepha, Erzherzogin 74
Maria Josepha, Prinzessin von Bayern 73
Maria Louise von Toskana, Erzherzogin 77
Maria Theresia, Kaiserin 31, 36, 41, 42, 44, 46, 48, 50, 73, 76, *32*
Marie-Antoinette, Königin von Frankreich 94f, 97, 104, 111, 119, 130, *96*
Marmontel, Jean-François 99f, 113f, *112*
Martini, Padre Giovanni Battista 70, 91, *72*
Maximilian, Erzherzog 104
Melzi, Prinz Antonio Maria 18
Metastasio, Pietro (Pietro Trapassi) 10, 19f, 31, 34, 35, 38, 42, 44, 46, 48, 50f, 55f, 60, 69, 70, 73, 75, 76, 78f, 80, 83, 129, *20*
Michelangelo Buonarroti 110
Migliavacca, Gianambrosio 57
Millico, Giuseppe 86, 103
Mingotti, Angelo 30
Mingotti, Pietro 30, 33f

Molière (Jean-Baptiste Poquelin) 63
Monsigny, Pierre-Alexandre 52, 72
Mozart, Wolfgang Amadé 9, 19, 21, 38,
    45, 51, 55 f, 69 f, 80 f, 86, 89, 124, 129,
    131, *128*

Ninus, assyrischer König 31
Nietzsche, Friedrich 117
Noverre, Jean-Georges 30, 83, 106,
    122 f

Ovid (Publius Ovidius Naso) 123

Paisiello, Giovanni 99 f
Parini, Giuseppe 83
Paul, Großfürst 127
Pergolesi, Giovanni Battista 18, 19, 114
Philidor, François-André (François-
    André Danican) 53, 72, 99
Piccini, Niccolò 100, 110 f, 114, 118 f,
    111
Pirker, Marianne 33 f
Ponte, Lorenzo da 45, 59, 69, 89, 131

Quaglio, Giovanni Maria 68
Quinault, Philippe 45, 57, 60, 111, 114

Racine, Jean 66, 92, 97
Rameau, Jean-Philippe 96
Regnard, Jean-François 63
Reichardt, Johann Friedrich 22, 86,
    126, *22*
Reutter, Georg von 46 f, *46*
Rilke, Rainer Maria 117
Roullet, Bailly François Louis Le Blanc
    du 83, 94 f, 97, 107, 111, 114, 117,
    118, 123, 130
Rousseau, Jean-Jacques 7, 55, 60, 94,
    97, 100, 107, 114, *61*

Sacchini Antonio 110
Salieri, Antonio 41, 130 f

Salliet, Joseph 37
Sammartini, Giovanni Battista 19, 30,
    20
Scalabrini, Paolo 30, 33
Schiller, Friedrich 107, 121, *122*
Schönberg, Arnold 124
Semiramis, assyrische Königin 31
Shaftesbury, Anthony Ashley Cooper,
    Earl of 7 f, 66
Silvani, Francesco 23 f
Sonnenfels, Joseph Reichsfreiherr von
    63, 83, 87, *82*
Sporck, Joseph Wenzel Graf von 57
Stein, Charlotte von 109
Suard, Jean-Baptiste 99, 113

Tasso, Torquato 117
Traetta, Tommaso 10, 57, 72, 76 f, 84,
    92, 99 f, 110
Traun, Otto Ferdinand Graf von Abens-
    perg- 23
Tschudi, Baron Ludwig Theodor von
    123, 130
Tufarelli, Don Diego 38 f, 41

Verdi, Giuseppe 13, 100
Vinci, Leonardo 25
Vismes, Anne Pierre Jacques de 118 f,
    122
Vivaldi, Antonio 53

Wagenseil, Georg Christoph 52
Wagner, Richard 13, 75 f, 94, 98, 100,
    119
Walsh, John 29
Wieland, Christoph Martin 7, 10, 109,
    11
Winckelmann, Johann Joachim 51, 63

Zinzendorf und Pottendorf, Nikolaus
    Ludwig Graf von 63, 67

Über den Autor

Nikolaus de Palézieux, geboren 1950 in Zürich. Studierte Musikwissenschaft und Kunstgeschichte in Hamburg. Promotion 1980. Mehrere Spielzeiten freier Dramaturg an verschiedenen Opernhäusern. Freier Rundfunkautor. Veröffentlichungen über Musikästhetik und Operngeschichte.

Quellennachweis der Abbildungen

Archiv für Kunst und Geschichte, Berlin: 6, 16, 17, 20 o., 27, 33, 78, 95, 96, 99, 106, 127, 132

Bildarchiv Preußischer Kulturbesitz, Berlin: 11, 31, 37, 40/41, 71, 85, 128

Österreichische Nationalbibliothek, Wien: 14, 15, 18, 20 u., 22, 28, 38, 42, 43, 46, 47, 54, 68, 72, 82, 92, 101, 102, 111, 112, 122, 125, 130, 131

Historia Photo, Hamburg: 32, 61, 62, 81, 88/89, 105, 115, 119

Aus: Roland Tenschert, Christoph Willibald Gluck, Sein Leben in Bildern, Leipzig 1938: 59, 74, 108, 113

Historisches Museum der Stadt Wien: 84

Aus: Christoph Willibald Gluck, Sämtliche Werke, Bd I/1: 64/65

Musik

rowohlts monographien mit Selbstzeugnissen und Bilddokumenten. Begründet von Kurt Kusenberg, herausgegeben von Wolfgang Müller.

Eine Auswahl:

Louis Armstrong
dargestellt von Ilse Storb
(443)

Johann Sebastian Bach
dargestellt von Martin Geck
(511)

Ludwig van Beethoven
dargestellt von Fritz Zobeley
(103)

George Bizet
dargestellt von Christoph Schwandt
(375)

Frédéric Chopin
dargestellt von Camille Bourniquel
(025)

Hanns Eisler
dargestellt von Fritz Hennenberg
(370)

Joseph Haydn
dargestellt von Pierre Barbaud
(049)

Felix Mendelssohn Bartholdy
dargestellt von Hans Christoph Worbs
(215)

Wolfgang Amadeus Mozart
dargestellt von Fritz Hennenberg
(523)

Elvis Presley
dargestellt von Alan und Maria Posener
(495)

Giacomo Puccini
dargestellt von Clemens Höslinger
(325)

Johann Strauß
dargestellt von Norbert Linke
(304)

Richard Strauss
dargestellt von Walter Deppisch
(146)

Antonio Vivaldi
dargestellt von Michael Stegemann
(338)

Ein Gesamtverzeichnis der Reihe *rowohlts monographien* finden Sie in der *Rowohlt Revue*. Jedes Vierteljahr neu. Kostenlos. In Ihrer Buchhandlung.

rororo bildmonographien

4503/2

Literatur

rowohlts monographien mit Selbstzeugnissen und Bilddokumenten. Begründet von Kurt Kusenberg, herausgegeben von Wolfgang Müller.

Eine Auswahl:

Alfred Andersch
dargestellt von Bernhard Jendricke
(395)

Lou-Andreas-Salomé
dargestellt von Linde Salber
(463)

Simone de Beauvoir
dargestellt von Christiane Zehl Romero
(260)

Wolfgang Borchert
dargestellt von Peter Rühmkorf
(058)

Lord Byron
dargestellt von Hartmut Müller
(297)

Raymond Chandler
dargestellt von Thomas Degering
(377)

Charles Dickens
dargestellt von Johann N. Schmidt
(262)

Lion Feuchtwanger
dargestellt von Reinhold Jaretzky
(334)

Theodor Fontane
dargestellt von Helmuth Nürnberger
(145)

Maxim Gorki
dargestellt von Nina Gourfinkel
(009)

Brüder Grimm
dargestellt von Hermann Gerstner
(201)

Frierich Hölderlin
dargestellt von Ulrich Häussermann
(053)

Homer
dargestellt von Herbert Bannert
(272)

Henrik Ibsen
dargestellt von Gerd E. Rieger
(295)

James Joyce
dargestellt von Jean Paris
(040)

rororo bildmonographien

Ein Gesamtverzeichnis der Reihe *rowohlts monographien* finden Sie in der *Rowohlt Revue*. Jedes Vierteljahr neu. Kostenlos. In Ihrer Buchhandlung.

Literatur

rowohlts monographien mit Selbstzeugnissen und Bilddokumenten. Begründet von Kurt Kusenberg, herausgegeben von Wolfgang Müller.

Eine Auswahl:

Franz Kafka
dargestellt von
Klaus Wagenbach
(091)

Heinar Kipphardt
dargestellt von Adolf Stock
(364)

David Herbert Lawrence
dargestellt von
Richard Aldington
(051)

Gotthold Ephraim Lessing
dargestellt von
Wolfgang Drews
(075)

Jack London
dargestellt von Thomas Ayck
(244)

Molière
dargestellt von
Friedrich Hartau
(245)

Marcel Proust
dargestellt von
Claude Mauriac
(015)

Ernst Rowohlt
dargestellt von Paul Mayer
(139)

Friedrich Schlegel
dargestellt von Ernst Behler
(014)

Thomas Bernhard
dargestellt von Hans Höller
(504)

Anna Seghers
dargestellt von
Christiane Zehl Romero
(464)

Theodor Storm
dargestellt von
Hartmut Vinçon
(186)

Jules Verne
dargestellt von Volker Dehs
(358)

Oscar Wilde
dargestellt von Peter Funke
(148)

Émile Zola
dargestellt von Marc Bernard
(024)

Stefan Zweig
dargestellt von
Hartmut Müller
(413)

rororo bildmonographien

Ein Gesamtverzeichnis der Reihe *rowohlts monographien* finden Sie in der *Rowohlt Revue*. Jedes Vierteljahr neu. Kostenlos in Ihrer Buchhandlung.

Kunst

rowohlts monographien mit Selbstzeugnissen und Bilddokumenten. Begründet von Kurt Kusenberg, herausgegeben von Wolfgang Müller.

Eine Auswahl:

Ernst Barlach
dargestellt von Catherine Krahmer
(335)

Hieronymus Bosch
dargestellt von Heinrich Goertz
(237)

Paul Cézanne
dargestellt von Kurt Leonhard
(114)

Max Ernst
dargestellt von Lothar Fischer
(151)

Vincent van Gogh
dargestellt von Herbert Frank
(239)

Francisco de Goya
dargestellt von Jutta Held
(284)

Wassily Kandinsky
dargestellt von Peter Riedl
(313)

Käthe Kollwitz
dargestellt von Catherine Krahmer
(294)

Le Corbusier
dargestellt von Norbert Huse
(248)

Leonardo da Vinci
dargestellt von Kenneth Clark
(153)

Michelangelo
dargestellt von Heinrich Koch
(124)

Joan Miró
dargestellt von Hans Platschek
(409)

Pablo Picasso
Wilfried Wiegand
(205)

Rembrandt
dargestellt von Christian Tümpel
(251)

Henri de Toulouse-Lautrec
dargestellt von Matthias Arnold
(306)

Andy Warhol
dargestellt von Stefana Sabin
(485)

rororo bildmonographien

Ein Gesamtverzeichnis der Reihe *rowohlts monographien* finden Sie in der *Rowohlt Revue*. Jedes Vierteljahr neu. Kostenlos. In Ihrer Buchhandlung.

4502/2

Theater / Film

rowohlts monographien mit Selbstzeugnissen und Bilddokumenten. Begründet von Kurt Kusenberg, herausgegeben von Wolfgang Müller.

Ingmar Bergman
dargestellt von Eckhard Weise
(366)

Humphrey Bogart
dargestellt von Peter Körte
(486)

Luis Buñuel
dargestellt von
Michael Schwarze
(292)

Charlie Chaplin
dargestellt von
Wolfram Tichy
(219)

Walt Disney
dargestellt von
Reinhold Reitberger
(226)

Eleonora Duse
dargestellt von Doris Maurer
(388)

Federico Fellini
dargestellt von
Michael Töteberg
(455)

Gustaf Gründgens
dargestellt von
Heinrich Goetz
(315)

Buster Keaton
dargestellt von
Wolfram Tichy
(318)

Fritz Lang
dargestellt von
Michael Töteberg
(339)

4507/2

Pier Paolo Pasolini
dargestellt von
Otto Schweizer
(354)

Erwin Piscator
dargestellt von
Heinrich Goertz
(221)

Max Reinhardt
dargestellt von
Leonhard M. Fiedler
(228)

Karl Valentin
dargestellt von
Michael Schulte
(144)

Ein Gesamtverzeichnis der Reihe *rowohlts monographien* finden Sie in der *Rowohlt Revue*. Jedes Vierteljahr neu. Kostenlos in Ihrer Buchhandlung.

rororo bildmonographien